ISBN 978-1-332-39245-2
PIBN 10411453

1 MONTH OF
FREE
READING

at

www.ForgottenBooks.com

By purchasing this book you are eligible for one month membership to ForgottenBooks.com, giving you unlimited access to our entire collection of over 700,000 titles via our web site and mobile apps.

To claim your free month visit:

www.forgottenbooks.com/free411453

English
Français
Deutsche
Italiano
Español
Português

www.forgottenbooks.com

Mythology Photography **Fiction**
Fishing Christianity **Art** Cooking
Essays Buddhism Freemasonry
Medicine **Biology** Music **Ancient**
Egypt Evolution Carpentry Physics
Dance Geology **Mathematics** Fitness
Shakespeare **Folklore** Yoga Marketing
Confidence Immortality Biographies
Poetry **Psychology** Witchcraft
Electronics Chemistry History **Law**
Accounting **Philosophy** Anthropology
Alchemy Drama Quantum Mechanics
Atheism Sexual Health **Ancient History**
Entrepreneurship Languages Sport
Paleontology Needlework Islam
Metaphysics Investment Archaeology
Parenting Statistics Criminology
Motivational

JUAN BAUTISTA ALBERDI

Nació en Tucumán el 29 de Agosto de 1810. Estudió en Buenos Aires, en el "Colegio de Ciencias Morales", vinculándose con Echeverría y J. M. Gutiérrez, hasta fundar la "Asociación de Mayo" En 1837 publicó su "Preliminar al estudio del derecho", emigrando a Montevideo en 1838, donde comienza su apasionada vida pública desde la prensa y mediante el libro. En esa primera época de su vida cultivó casi todos los géneros literarios, hasta que su vocación se decidió por las ciencias políticas y económicas.

Después de un viaje por Europa (1843) se estableció en Chile, alcanzando gran éxito como jurisconsulto. Su obra fundamental, 'Bases para la organización política de la Confederación Argentina" (1852) marca una fecha memorable en la historia de la nacionalidad. Siguieron a esa obra el "Sistema Económico y Rentístico de la Confederación Argentina", de grandísimo valor económico y sociológico, y las "Cartas Quillotanas", famosa polémica con D. F. Sarmiento.

Sus "Obras Completas" fueron editadas poco antes de su muerte, conteniendo los escritos publicados en vida del autor. Sus "Escritos Póstumos", editados por D. Francisco Cruz en XVI volúmenes, constituyen un magnífico archivo de historia Argentina, desde 1830 hasta 1880. Desterrado la mayor parte de su vida, por motivos de política interior, Alberdi puso grandísima pasión en cuanto escribió, por cuyo motivo sus escritos póstumos son objeto de apreciaciones muy desiguales en cuanto respecta a su ecuanimidad.

No así en lo que se refiere al contenido económico y sociológico de su obra, que es unánimemente reconocida como la más docta y clarovidente pensada por argentino alguno. La transformación política ocurrida en la Argentina en 1880 es la realización de las ideas básicas que Alberdi defendió sin descanso durante medio siglo.

Durante los últimos diez años su prestigio ha crecido en proporciones extraordinarias, compartiendo en la actualidad con Sarmiento el primer rango en la admiración nacional.

Falleció en París el 18 de Junio de 1884.

JUAN B. ALBERDI

El Crimen de la Guerra

**Precedido de un estudio sobre ALBERDI por
JOSE NICOLAS MATIENZO**

TALLERES GRAFICOS ARGENTINOS
L. J. ROSSO
SARMIENTO 779   ·:·   DOBLAS 955
BUENOS AIRES

JUAN BAUTISTA ALBERDI (1)

Nos reunimos para rendir homenaje respetuoso a la memoria .de uno de los más ilustres argentinos, cuyo centenario, por una feliz coin cidencia, se cumple en el mismo año en que la patria, que él amó, tanto ha celebrado el suyo propio saludada por todas las naciones civilizadas de la tierra.

En las 'jubilosas fiestas nacionales que acaban de pasar, nos hemos complacido en recordar con veneración los nombres de los ilustres ciudadanos que hicieron la revolución de la independencia y la consolidaron con sus esfuerzos y con sus vidas. Justa y oportuna conmemoración, que ha servido para estimular · nuestro patriotismo y fortalecer los sentimientos de la solidaridad fraternal con que los hijos de esta tierra, vasta. y fértil, nos ligamos mutuamente para trabajar sin descanso por el engrandecimiento ' y la felicidad de la nación.

Pero nuestros deberes no han concluido cuan-

---

(1) Conferencia dada en la Facultad de Filosofía y Letras de Buenos Aires, por el decano de la misma, celebrando el centenario de su nacimiento (1910).

do hemos rendido el merecido culto a los autores de la independencia. Necesitamos también hacer justicia a los autores de la organización del pais. Si los que protegieron la cuna del pueblo argentino merecen bien de la posteridad, los que cuidaron después la salud y la educación del recién nacido para dotarle de una constitución física y moral que le permitiera afrontar con éxito la lucha por la vida, ellos también son dignos de nuestra gratitud más profunda.

Y bien, entre éstos descuella Alberdi, cuya noble existencia se consagró casi por completo a la solución de las múltiples y arduas cuestiones relativas al problema de la organiza ción de la República Argentina.

El problema de la organización de un país es mucho más difícil que el de la independencia nacional. La causa de la independencia cuenta casi siempre con la acción o colaboración de la unanimidad o casi unanimidad de los habitantes. Sus jefes o corifeos despiertan con sus hazañas el entusiasmo colectivo y conmueven con sus victorias las fibras más hondas del patriotismo. La bandera flameante de la nueva nación tiene esplendores extraordinarios y, cuando ondea sobre las multitudes ardorosas, se diría que no se agita al soplo del viento, sino por impulso de los corazones palpitantes que la alzan como símbolo de existencia y de gloria. Nada más imponente que estos movimientos unánimes de los pueblos que luchan por su independencia, en cualquier punto de la tierra. Ya es la patria de Wáshington, que surge radiante de confianza en sí misma y de fe en la libertad; ya es la nación española, que recordando su heroismo de la reconquista, se yergue resuelta e invencible para sacudir el poder de Napoleón. Ya son las naciones hispano-americanas que desde un extremo hasta el otro de este continente se alzan para proclamar su irrevocable decisión de adquirir el derecho de gobernarse a sí mismas. Ya es Grecia, la vieja patria de Arístides y Pericles, de Aristóteles y de Platón, de Sófocles y de Aristófanes, que despierta de un sueño de siglos para reincorporar su nombre en la lista de las naciones, conmoviendo con honda simpatía a los pueblos herederos y admiradores de su antigua cultura.

La causa de la organización nacional no conmueve de esa manera el mundo, ni agrupa siquiera en un solo conjunto los ciudadanos a quienes afecta. Por el contrario, los divide casi siempre en bandos enemigos, que se debaten en una atmósfera llena de odios y recelos, de falsedades e injusticias. Tal ha sucedido en nuestro país con las largas luchas entre unitarios y federales y entre provincianos y porteños, ya felizmente concluídas, pero cuyas últimas consecuencias han afectado todavia a la presente generación, aunque no sea sino para perturbar su juicio sobre la verdad histórica y sobre el mérito relativo de los hombres y de sus actos.

Somos, sin embargo, la posteridad, y es nuestro deber hacer justicia, prescindiendo de las pasiones personales que envenenaron la existencia de los servidores del pais y de las que

no estuvieron exentos los más grandes ciudadanos.

Y si alguien merece el homenaje de la justicia póstuma, es Alberdi, el publicista in-
fortunado que pasó la mayor parte de su
noble vida en la tristeza del ostracismo.

Alberdi puede ser considerado como escritor
y como sociólogo. Como escritor, su cualidad
caracteristica es la absoluta subordinación de
la palabra al pensamiento, de la forma al fondo.
Alberdi emplea naturalmente y sin esfuerzo
el minimum de palabras necesarias para sig-
nificar las ideas con la más completa nitidez.
El lector no siente jamás distraída su atención
por los artificios de la frase ni por la sono-
ridad de los períodos y acaba pcr olvidar que
el autor se sirve del lenguaje para comunicarle
sus observaciones y sus juicios. La ilusión de
percibir directamente las ideas es completa.

Otro escritor eminente, juez irrecusable en
materia de estilo, el señor Groussac, ha inte-
rrumpido su severa critica de la obra constitucional de Alberdi para hacerle justicia en los
siguientes términos: «Su íntimo contacto con
» los incomparables prosistas franceses dotóle
» del arma dialéctica más aguda que en las
» letras americanas se conozca. Merced a tan
» alta iniciación, y aunque plagada de gali-
» cismos inútiles, su lengua revistió desde el
» principio algo de la eficacia soberana que
» caracteriza la prosa de los clásicos: inco-
» lora y lisa al igual que el acero,—como que
» es para ellos un instrumento varonil, no un
» juguete de niño o un adorno de mujer, y
» cuya fuerza reside en la perfecta adecua-

» ción del término con la idea. Fué Montesquieu
» su gran *duca e signore*,— como lo fuera de
» todos los publicistas europeos o americanos,
» —y dada la índole de sus estudios, no podía
» elegirlo mejor. Principalmente del *Espíritu de*
» *las leyes*, que sabía de memoria, extrajo Al-
» berdi sus vistas aproximativas sobre el pro-
» ceso de las naciones, al mismo tiempo que
» se asimilaba en parte la claridad cristalina
» de la forma, la sobria sencillez, el corte bre-
» ve del párrafo, la exactitud, que es una pro-
» bidad, el paso vivo y suelto, la frase apenas
» rítmica y al parecer desnuda, aunque ves-
» tida de un lino sutil más precioso y raro
» que los pesados ropajes. Entre la mayoría
» de sus contemporáneos cargados de abalorios
» y más taraceados que guerreros apaches, él
» y Gutiérrez (éste más esbelto y simpático)
» mostraron buen gusto relativo y tuvieron la
» distinción de la palidez».

No se puede, señores, rendir homenaje más
cumplido y más justo, ni en forma más ga-
lana, al talento literario de Alberdi. Pero eso
no basta. Hay que rendírselo también a la
admirable organización intelectual del ilustre
publicista. Si su estilo desprovisto de galas re-
tóricas es admirable en su aptitud para dejar
lucir el relieve de las ideas, es evidente que
son éstas las que en realidad nos cautivan. Las
observaciones sagaces, los juicios precisos, el
encadenamiento lógico de los pensamientos, el
hábil arreglo del asunto y de sus pormenores,
la oportunidad de las afirmaciones o de las su-
gestiones, la acertada invocación de los hechos,
el profundo análisis de la realidad, la amplia

síntesis de los acontecimientos y sobre todo el espíritu metódico y científico con que trata todos los temas, son rasgos notables que se admiran en todas las obras de Alberdi.

He aquí porqué, cualesquiera que sean las opiniones del lector, hay siempre provecho en leer, de cuando en cuando, algunas páginas de este escritor, que tiene, más que ninguno de los argentinos del siglo XIX, el poder de provocar la reflexión y la investigación.

La inteligencia de Alberdi no dispuso tan solo de su viveza y sagacidad naturales y de su dominio sobre la expresión verbal. Vastas y fecundas lecturas la educaron desde temprano y la enriquecieron con múltiples conocimientos científicos y literarios, y, sobre todo, la dotaron de un caudal de ideas generales que le permitió orientar científicamente sus estudios de orden social, político y económico. La cultura de Alberdi no era sobrepasada por la de ninguno de sus compatriotas, cuando desde Chile preparó las «Bases para la Organización de la República Argentina», el famoso libro cuya primera edición apareció antes que cumplieran tres meses de la caída de la tiranía de Rosas.

En el colegio de ciencias morales, fundado por Rivadavia, y en la Universidad de Buenos Aires, establecimientos en que Alberdi hizo sus estudios secundarios y de jurisprudencia, predominaba entonces la filosofía moral y jurídica de Jeremías Bentham, cuyas obras se leían al mismo tiempo que las de Locke y Condillac. Estas primeras lecturas dejaron en el espíritu de Alberdi una profunda impresión y a ellas se debe sin duda el carácter experimental y práctico que distinguieron sus estudios y su acción intelectual, no obstante la influencia poco profunda que en él ejerció después el contacto con la filosofía francesa espiritualista y ecléctica.

Pero oigámosle a él mismo: «Durante mis » estudios de jurisprudencia, que no absorbían » todo mi tiempo, me daba también a estudios » libres de derecho filosófico, de literatura y » de materias políticas. En ese tiempo contraje relación estrecha con dos ilustradísimos » jóvenes, que influyeron mucho en el curso » ulterior de mis estudios y aficiones literarias: » Don Juan María Gutiérrez y Don Esteban » Echeverría, ejercieron en mí ese profesorado » indirecto, más eficaz que el de las escuelas, » que es el de la simple amistad entre iguales. » Nuestro trato, nuestros paseos y conversaciones, fueron un constante estudio libre, sin » plan ni sistema, mezclado a menudo a diversiones y pasatiempos de mundo. Por Echeverria, que se habia educado en Francia, durante la Restauración, tuve las primeras noticias de Lerminier, de Villemain, de Víctor Hugo, de Alejandro Dumas, de Lamartine, » de Byron y de todo lo que entonces se llamó » romanticismo, por oposición a la vieja escuela clásica. Yo había estudiado filosofía en » la Universidad, por Condillac y Locke. Me habían absorbido por años las lecturas de Helvecio, Cabanis, de Holbach, de Bentham, de » Rousseau. A Echeverría debí la evolución que » se operó en mi espíritu, con las lecturas de » Víctor Cousin, Villemain, Chateaubriand, Jouf-

» froy y todos los eclécticos procedentes de Ale
» mania, en favor de lo que se llamó espiri-
» tualismo

«Echeverría y Gutiérrez propendían, por sus
» aficiones y estudios, a la literatura; yo a las
» materias filosóficas y sociales. A mi ver, yo
» creo que algún influjo ejercí en este orden
» sobre mis cultos amigos. Yo les hice admi-
» tir, en parte, las doctrinas de la Revista
» Enciclopédica, en lo que más tarde llamaron
el dogma socialista. Yo tenía invencible afi
ción por los estudios metafísicos y psicoló-
gicos. Gutiérrez me afeaba esta afición y tra-
taba de persuadirme de mi aptitud para es-
» tudios literarios. Mi preocupación de este
» tiempo contra todo lo que era español, me
» enemistaba contra la misma lengua castella-
» na, sobre todo con la más pura y clásica, que
» me era insoportable por lo difusa. Falto de
» cultura literaria, no tenía el tacto ni el sen-
» tido de su belleza. No hace sino muy poco,
» que me he dado cuenta de la suma elegancia
» y cultísimo lenguaje de Cervantes.

«Pero mi educación no se hizo únicamente
» en la Universidad, por las doctrinas de Locke
» y Condillac, enseñadas en las cátedras de
» filosofía, ni por las conversaciones y tratos
» de amigos más ilustrados. Más que todo ello
» contribuyeron a formar mi espíritu, las lec-
» turas libres de los autores, que debo nombrar
» para complemento de la historia de mi edu-
» cación preparatoria. Mis lecturas favoritas,
» por muchos años de mi primera edad, fueron
» hechas en las obras más conocidas de los
» siguientes autores: Volney, Holbach, Rous-

» seau, Helvecio, Cabanis, Richerand, Lavater,
» Buffon, Bacon, Pascal, La Bruyère, Bentham,
» Montesquieu, Benjamín Constant, Lerminier,
» Tocqueville, Chevalier, Bastiat, Adam Smith,
» Say, Vico, Villemain, Cousin, Guizot, Rossi,
Pierre Leroux, San Simón, Lamartine, Destut
de Tracy, Victor Hugo, Dumas, P. L. Cou-
rrier, Chateaubriand, Madame de Stäel, Lamen-
» nais, Jouffroy, Kant, Merlin, Pothier, Par-
dessus, Troplong, Heineccio, El Federalista,
Story, Balbi, Martínez de la Rosa, Donoso
Cortés, Capmany.

«Se vé por este catálogo que no frecuenté
» mucho los autores españoles, no tanto por
» las preocupaciones anti-españolas, producidas
» y mantenidas por la guerra de nuestra in-
» dependencia como por la dirección filosófica
» de mis estudios. En España no encontré fi-
» lósofos como Bacon y Locke, ni publicistas
» como Montesquieu, ni jurisconsultos como Po-
» thier. La poesía, el romance y la crónica
» en que su literatura es tan fuerte, no eran
» estudios de mi predilección, pero más tarde
» se produjo en mi espíritu una reacción en
» favor de los libros clásicos de España, que
» no era tiempo de aprovechar, infelizmente
» para mí, como se echa de ver en mi manera
» de escribir la única lengua que no obstante
» escribo.

«Todas esas lecturas, como mis estudios pre-
» paratorios, no me sirvieron sino para ense-
» ñarme a leer en el libro original de la vida
» real, que es el que más he hojeado, por
» esta razón sencilla, entre otras : que mis otros
» libros han estado casi siempre encajonados

» y guardados durante mi vida, pasada entre » continuos viajes».

El hombre que así aprendió a hojear el libro original de la vida no hizo gala jamás de erudición. Su saber no fué esa ciencia libresca que multiplica las citas de las opiniones ajenas para ocultar la pobreza o ausencia de la propia o para darse el vanidoso placer de parangonar su suficiencia con la presunta ignorancia del desgraciado lector. Su saber fué la ciencia que resulta de aplicar una inteligencia educada a la investigación de los hechos y a la solución práctica de los problemas reales. Los que, para decidir cualquier cuestión, necesitan hacer balance de autoridades no busquen la ayuda de Alberdi. Pero, si quieren ejemplos de cómo se plantean y resuelven científicamente los problemas sociales, abran los libros del ilustre autor de las «Bases» y del «Sistema Económico y Rentístico», y no serán defraudados.

Su planteamiento y solución del problema de la organización argentina en 1852 son ya clásicos. Todos los estudiantes de derecho constitucional los aprenden como antecedente indispensable para el conocimiento de nuestras instituciones.

Derribada la larga y cruenta tiranía de Rosas y convocado por fin el congreso constituyente que se esperaba hacía veintiún años, Alberdi fué el único publicista argentino que se adelantó a ayudar a aquella memorable asamblea en la ardua tarea confiada a su patriotismo e ilustración. Es que sólo él estaba habilitado, por sus estudios favoritos y por su talento práctico, para improvisar sobre un tema tan grave y delicado. En realidad no tenía sino que coordinar y aplicar juicios que ya estaban maduros en su cerebro y que habian motivado gran parte de sus escritos de propaganda. El problema, para él, no podía ser otro que crear un gobierno nacional cuya estabilidad estuviera garantida por los antecedentes históricos y las tendencias orgánicas del país y cuya política se aplicara a poblar y civilizar la nación.

Lo primero que emprendió fué disuadir al Congreso de todo propósito de hacer obra especulativa o de gabinete.

«El Congreso Constituyente,—dijo—no será
» llamado a hacer la República Argentina, ni a
» crear las leyes o reglas de su organismo nor-
» mal; él no podrá reducir su territorio, ni
» cambiar su constitución geológica, ni mudar
» el curso de los grandes ríos, ni volver mi-
» nerales los terrenos agrícolas. El vendrá a
» estudiar y a escribir las leyes naturales en
» que todo eso propende a combinarse y des-
» arrollarse del modo más ventajoso a los des-
» tinos providenciales de la República Argen-
» tina.

«Este es el sentido de la regla tan conocida
» de que las constituciones deben ser adecuadas
» al país que las recibe; y toda la teoria de
» Montesquieu sobre el influjo del clima en
» la legislación de los pueblos no tiene otro
» significado que este.

«Así, pues, los hechos, la realidad, que son
» obra de Dios y existen por la acción del
» tiempo y de la historia anterior de nuestro

» país, serán los que deban imponer la Cons-
» titución que la República Argentina reciba de
» las manos de sus legisladores constituyentes.
» Esos hechos, esos elementos naturales de la
» constitución normal, que yà tiene la Repú-
» blica por la obra del tiempo y de Dios, de-
» berán ser el objeto del estudio de los legis-
» ladores, y bases y fundamentos de su obra
» de simple redacción, digámoslo así, y no de
» creación. Lo demás es legislar para un día,
» perder el tiempo en especulaciones ineptas
» y pueriles.

«Y desde luego, aplicando ese método a la
» solución del problema más dificil que haya
» presentado hasta hoy la organización política
» de la República Argentina, que consiste en
» determinar cuál será la base más conveniente
» para el arreglo de su gobierno general, si
» la forma unitaria o la federativa—el Congreso
» hallará que estas dos bases tienen anteceden-
» tes tradicionales en la vida anterior de la
» República Argentina, que ambas han coexis-
» tido y coexisten formando como los dos
» elementos de la existencia política de aquella
» República.

«El Congreso no podrá menos de llegar a
» ese resultado, si, *conducido por un buen mé-*
» *todo de observación y experimentación*, em-
» pieza por darse cuenta de los hechos y cla-
» sificarlos convenientemente, para deducir de
» ellos el conocimiento de su poder respectivo»

En seguida enumera prolijamente una serie
de antecedentes unitarios y otra de anteceden
tes federativos, recogidos de la historia colo-
mial y patria, y concluye:

«Todos los hechos que quedan expuestos per-
» tenecen y forman parte de la vida normal y
» real de la República Argentina, en cuanto a
» la base de su gobierno general; y ningún
» congreso constituyente tendría el poder de
» hacerlos desaparecer instantáneamente por de-
» cretos o constituciones de su mano. Ellos
» deben ser tomados por bases y consultados
» de una manera discreta en la constitución
» *escrita*, que ha de ser la expresión de la
» constitución *real*, natural y posible».

Así se apartó decididamente de los teoriza-
dores, de los sectarios y de los constitucio-
nalistas papagayos que repiten inoportunamente
los textos extranjeros. Así vió a la vez el lado
unitario y el lado federal de las cosas, pero no
de las cosas en abstracto, sino de las cosas
argentinas. Dió de ese modo, a principios de
1852, y en la América del Sud, un ejemplo
admirable de método científico aplicable a los
asuntos sociales, buscando las soluciones en el
libro original de la naturaleza y de la vida.

Por eso, la solución que él adoptó, el federalismo moderado, se impuso a todos los hombres de estado de su tiempo y fué incorporada
a la constitución escrita de 1853, que aún nos
rige, viéndose en ella una indispensable conciliación o transacción entre los intereses de
las provincias y los de la Nación.

Pero no vayáis a creer, señores, que Alberdi
se hacía ilusiones sobre la práctica de las instituciones nuevas. No hubiera sido razonable
en un filósofo de la escuela histórica o evolu-
cionista, como lo era. «Para todos los sistemas
« —dijo—tenemos obstáculos y para el republi-

» cano representativo tanto como para cualquier
» otro. Sin embargo, estamos arrojados en él,
» y no conocemos otro más aplicable, a pesar
» de nuestras desventajas. La democracia mis-
» ma se aviene mal con nuestros medios, y
» sin embargo estamos en ella y somos incapa-
» ces de vivir sin ella. Pues lo mismo sucederá
» con nuestro federalismo o sistema federal de
» gobierno; será incompleto, pero inevitable a
» la vez».

De ahí una cuestión capital: ¿Cómo perfec-
cionar la práctica de las instituciones? Alberdi
responde:—Aumentando y mejorando la po-
» blación actual. «Constituid, dice, como queráis
» las provincias argentinas; si no constituís otra
» cosa que lo que ellas contienen hoy (1852)
» constituís una cosa que vale poco para la
» libertad práctica. Combinad de todos modos
» su población actual, no haréis otra cosa que
» combinar antiguos colonos españoles».

«Acaba de tener lugar en América una ex-
» periencia que pone fuera de duda la ver-
» dad de lo que sostengo, a saber: que sin me-
» jor población para la industria y para el go-
» bierno libre, la mejor constitución política se-
» rá ineficaz. Lo que ha producido la regenera-
» ción instantánea y portentosa de California, no
» es precisamente la promulgación del sistema
» constitucional de Norte América. En todo Mé-
» jico ha estado y está proclamado ese sis-
» tema desde 1824; y en California, antigua
» provincia de Méjico, no es tan nuevo como
» se piensa. Lo que es nuevo allí y lo que es
» origen real del cambio favorable es la pre-
» sencia de un pueblo compuesto de habitan-

» tes capaces de industria y del sistema po-
» lítico que no sabían realizar los antiguos habi-
» tantes hispano-mejicanos».

Alberdi tuvo siempre la profunda convicción de que, en América, gobernar es poblar, pero poblar con gente europea civilizada, sobre todo con las razas del norte y especialmente con ingleses. Ha repetido este consejo en todos los tonos para hacerlo penetrar bien, no sólo en los oídos, sino en los entendimientos y en la conducta de los gobernantes y politicos hispanoamericanos. Sus demostraciones y exhortaciones sobre este punto alcanzaron a veces a una elocuencia insuperable por lo severa y conceptuosa.

«La reproducción natural, decia en 1845, es » un medio imperfecto y lento. ¿Queremos gran- » des estados en poco tiempo? Traigamos sus » elementos ya preparados y listos de fuera. » Sin grandes poblaciones no hay grandes co- » sas. Todo es mezquino y pequeño.

«Las escuelas primarias, los caminos, los ban- » cos, son, por sí solos, mezquinísimos medios, » sin las grandes empresas de producción, hi- » jas de las grandes porciones de hombres » Poned el millón que forma la población me- » dia de cada una de nuestras repúblicas en » el mejor pie de educación posible. ¿Ten- » dréis con eso un grande y floreciente estado? » Ciertamente que no. Un millón de hombres » en un gran territorio es miserable población.

«Es que, educando nuestras masas, tendre- » mos orden: teniendo orden vendrá pobla- » ción de fuera, me diréis.

«No tendréis orden, ni educación popular, si-

» no por el influjo de masas introducidas con
» arraigados hábitos de ese orden y buena edu-
» cación.

«Multiplicad la población seria; y veréis a
» los vanos agitadores desairados y solos con
» sus planes de revueltas frívolas, en medio
» de un mundo absorbido en ocupaciones gra-
» ves».

El pensador que así ensalzaba la población
trabajadora e industrial, tenía que ser amigo
declarado de la paz. Nadie como él ha com-
batido y ridiculizado las inclinaciones guerre-
ras de una parte de nuestro pueblo. Nadie
con más valor que él se ha rebelado contra el
culto de la gloria militar.

«El coraje y la victoria nos darán laureles,
» decía. Pero el laurel es planta estéril para
» América. No produce fruto de sólido pro-
» vecho. Vale más la espiga modesta de la
» paz. Esa espiga es de oro, no en la lengua del
» poeta, sino en la lengua del economista.

«La República Argentina, cubierta de lau-
» reles y andrajos, es de mal ejemplo.

«Los Estados Unidos tienen en sus templos
» menos estandartes quitados al vencido que
» nosotros, menos glorias militares; pero valen
» algo más que nosotros.

«Ellos no aborrecen al europeo. Al contrario,
» lo atraen, no sólo generosa sino diestramente,
» y le asimilan a su población. Así, en 20 años,
» improvisan estados nuevos, porque toman las
» piezas hechas, para su formación. La ban-
» dera estrellada no por eso es menos grande
» y brillante.

«Dejemos los héroes con los tiempos semi-
» bárbaros a que pertenecen.

«El tipo del héroe americano, en lo futuro,
» no es Napoleón, sino Wáshington. A los hé-
» roes de la guerra, han sucedido los héroes del
» orden y la paz.

«Reducir 8 mil hombres en dos horas al
» número de mil, por la acción de la espada:
» he ahí el heroismo militar del pasado.

«Por el contrario, hacer subir en 24 horas
» dos mil hombres al número de 8 mil: he
» aquí el heroismo del hombre de estado mo-
» derno.

«El censo de la población es la mejor me-
» dida de la capacidad de un ministro ame-
» ricano».

Cuando Alberdi publicaba estas ideas, Speu-
cer no había escrito todavia su famosa distinción entre las sociedades de tipo militar y las
de tipo industrial. Alberdi hubiera quizás modificado un poco la forma de su propaganda
en favor del industrialismo, si el sociólogo inglés hubiera escrito primero; pero, como quiera que sea, la teoría desarrollada por el publicista argentino en las «Bases», en el «Sis
tema Económico y Rentístico» y en numerosos
escritos anteriores y posteriores, es substan
cialmente idéntica a la de Spencer, en cuanto
coloca el factor económico a más alto nivel que
el militar en la evolución de las naciones. La
República Argentina no puede renunciar a esta
gloria.

Se comprende que Alberdi no estuviera con-
forme con el modo predominante de hacer la
historia argentina y americana. «¿No es ya

» tiempo (decia en 1875 al escribir «La vida
» y trabajos industriales de W. Wheelwright
» en la América del Sud») de que la historia de
» Sud América deje de consistir en la historia
» de sus guerras y de sus guerreros, como
» ha sucedido hasta aquí? En lo más la his-
» toria de la guerra tendria un útil sentido
» y un enseñamiento fecundo si se redujera
» a lo que ha sido por regla general, no por
» excepción : la historia de menguas y pérdidas
» territoriales de unos estados sin provecho de
» los otros, y la del origen y formación de sus
» deudas públicas agobiantes y ruinosas para
» sus progresos. Se vería que lo que compensa
o repara sus descalabros, nacidos de ese desorden, es el progreso espontáneo y natural
» debido al comercio y a la industria, cuya
» historia sin embargo no ha ocupado hasta
» hoy a ningún historiador de su revolución
fundamental, más económica en su esencia
» que política, como ha sido en realidad. La
» historia de su comercio, de su industria, de su
» riqueza, de sus mejoramientos materiales, es
» más útil y necesaria que la de sus guerras
» que apenas han producido otra cosa que liber-
» tades escritas, glorias vanas y progresos que
» no excluyen el *statu quo*, en lo más subs-
» tancial para la civilización,—que es el nivel
» moral e inteligente del pueblo más numeroso.
» —La revolución digna de historiarse es la
» del cambio por el cual, paises que hace dos
» tercios de siglo eran colonias pobres, obscuras
» y aisladas del mundo, han venido a ser vas-
» los mercados, frecuentados por todas las na
ciones de la tierra».

Estas ideas pacifistas, que fueron de toda su vida, le dieron una concepción de la diplomacia americana muy diferente de la que veía en auge. El prefería ligar las naciones americanas con ferrocarriles, que no con tratados de alianza política o militar. No puedo aquí, detenerme en esta faz tan interesante de la vida de Alberdi; pero no quiero dejar de apuntar una singular coincidencia. La cuarta conferencia Pan-Americana que en estos momentos clausura sus pacíficas sesiones en Buenos Aires, no es más que la Asamblea Continental que Alberdi diseñó en 1844' en su memoria sobre la conveniencia y objetos de un Congreso general americano. La ilustre conferencia ha celebrado prácticamente, acaso sin sospecharlo, el centenario de Alberdi, reuniéndose para deliberar sobre los objetos que nuestro eminente compatriota había indicado 66 años antes. Es otra gloria a la que no podemos renunciar los argentinos.

Ahora, señores, y para cerrar esta rapidísima e incompleta revista de los servicios que la civilización de nuestro país y de América debe a Juan Bautista Alberdi, permitidme rozar siquiera, un tema doloroso.

Si Alberdi hubiera limitado su acción a lo que dejamos recordado, hubiera pasado tranquila y dulcemente el último tercio de su vida, oyendo pronunciar su nombre con veneración por todos los argentinos. Pero tuvo la desgracia de disentir con Mitre y Sarmiento acerca de la política adecuada a la situación en que quedó el país después de la batalla de Caseros. La disidencia fué tan profunda, que la íntima amistad contraída en el destierro se rompió violentamente y la polémica interminable y, agria comenzó. Puso Alberdi en ella toda la pasión de su alma nacionalista y fustigó, sin piedad, como él sabía hacerlo, a los que consideraba culpables de la desunión de la República y de los obstáculos puestos a la instalación del gobierno nacional en su capital histórica. La reincorporación de la provincia de Buenos Aires en 1860, previa revisión y jura de la Constitución Nacional, satisfizo, en parte, el patriotismo de Alberdi; pero poco después la revolución puso el poder en manos de uno de sus adversarios, que fué sucedido por el otro. Alberdi no pudo, pues, regresar al pais durante las presidencias de Mitre y Sarmiento. Sólo al terminar la presidencia de Avellaneda, los tucumanos se acordaron de que aún vivía en Francia un comprovinciano eminente, que debía estar ya viejo, que era digno del honor casi póstumo, de una diputación al congreso federal. Alberdi regresó, debilitado por la vejez y por las amarguras sufridas. Hacía 41 años que había salido de su país por no prestar acatamiento al tirano Rosas para recibir su diploma de doctor, y no había vuelto a pisar tierra argentina. Había cierta ironía en esta aceptación, a los 70 años de edad, del primer puesto político obtenido en el gobierno de su patria, para el cual habia escrito él las «Bases» en 1852. Tuvo sin embargo la satisfacción de ser colega de su grande adversario el general Mitre, y de recibir su voto para la vice-presidencia de la Cámara. Pocos días después, sucedió lo que Alberdi había predicho tantas veces: el gobernador de Buenos Aires, recordando que él era el dueño de casa y que el gobierno nacional era su huésped, se alzó en armas contra éste. Alberdi no quiso intervenir en la contienda y se dejó destituir a causa de su inasistencia, por la minoría de la Cámara de Diputados, trasladada a Belgrano. Esta vez los acontecimientos trajeron la solución que Alberdi anhelaba: la federalización de la ciudad de Buenos Aires como capital de la República. El autor de las «Bases» celebró el histórico suceso con su último libro, dado a luz en 1881, bajo el titulo de «La República Argentina consolidada en 1880». Así, como él mismo lo dijo, completaba la obra que había comenzado en 1852 con aquel otro.

La historia del engrandecimiento de nuestro país en los últimos treinta años es el comen tario más elocuente que puede hacerse de aquella solución, que los constituyentes de 1853 habían adoptado por consejo de Alberdi y que las disidencias de la política militante postergaron durante 27 años.

Lo que antes era simple campaña de la ciudad de Buenos Aires se constituyó en provincia separada, como lo había propuesto Rivadavia, y cupo a Alberdi la satisfacción de presidir la primera asamblea electoral que designó gobernador del nuevo estado federal.

El preclaro publicista apenas sobrevivió a esta consumación de su obra constitucional, para ir a morir fuera de la patria, como Moreno, como Rivadavia, como San Martin, sus dignos modelos de patriotismo y desinterés.

Pero sus ideas no han muerto. Sus consejos

nos acompañan todavía; pasará largo tiempo, pasarán muchas generaciones antes que los sudamericanos puedan hablar de ferrocarriles, de puertos, de canales, de comercio, de industria, de población, de inmigración, de educación e instrucción, de riqueza, de rentas públicas, de política americana, de respeto al extranjero, de paz y de justicia internacional, sin que venga a su memoria un pensamiento de Alberdi.

¡Patria feliz la que puede presentar al mundo hijos como éste!

JOSÉ NICOLAS MATIENZO

Advertencias de la presente edición

I

D. Francisco Cruz, editor de las «Obras Póstumas» de Alberdi, cuyo II volumen es «El crimen de la guerra», ha escrito la siguiente nota explicativa que juzgamos de interés reproducir:

«Algún tiempo antes de estallar la guerra franco-prusiana, la *Liça Internacional y permanente de la Paz*, abrió en 1870 una subscripción con el objeto de acordar un premio de cinco mil francos al autor de la mejor obra popular contra la guerra.

«Explicando en una nota el motivo de su determinación de tomar parte en el concurso, el Dr. Alberdi, dice:—«Si el autor escribiese no sería por el premio, sino previa renuncia de él en la hipótesis de merecerlo, por ceder a una idea preconcebida que coincide con la del concurso, y sólo por llamar la atención sobre ella en una ocasión especial, en el interés de América».

«El Dr. Alberdi no terminó, por desgracia, su trabajo, que quedó embrionario como los demás».

II

Alberdi dejó escritos los siguientes párrafos, destinados al *Prefacio* de su obra:

«La victoria en los certámenes, como en los combates, no es la obra del que juzga. El juez la declara pero no la *hace*, ni la *dá*. Son los vencidos los que hacen al vencedor. A este título concurro a esta lucha: busco el honor de caer en obsequio del laureado de la paz.

. . . .

«Concurro desde fuera para escapar a toda sospecha de interés, a toda herida de amor propio, a todo motivo de aplaudir el desastre de los excluidos. Asisto por las ventanas a ver el festín desde fuera, sin tomar parte en él, como el mosquetero de un baile en Sud-América, como el neutral en la lucha, que, aunque de honor y filantropía, es lucha y guerra. Es emplear la guerra para remediar la guerra, homeopatía en que no creo.

«Si no escribo en la mejor lengua, escribo en la que hablan cuarenta millones de hombres montados en guerra por su temperamento y por su historia.

«Pertenezco al suelo abusivo de la guerra, que es la América del Sud, donde la necesidad de hombres es tan grande como la desesperación de ellos por los horrores de la guerra inacabable. Es otra de las causas de mi presencia extraña en este concurso de inteligencias superiores a la mía».

III

Al reeditar esta obra interesantísima del eminente pensador, no se ha vacilado en conservar media docena de páginas contraídas a amen guar él lustre histórico de algunos militares argentinos, que muchos juzgaron injustas o atrevidas. Pero sería mayor atrevimiento, por parte de un editor, convertirse en Santo Oficio y someter las obras editadas a una expurgación, que algunos podrían creer útil y otros considerar desvergonzada.

Conocidas por todos las candentes pasiones y las polémicas tempestuosas que agitaron a los más ilustres argentinos en la época de la reorganización nacional, a nadie sorprenderá que Alberdi dirija algunos disparos contra personas que no dejaron de menudearle respuestas de igual calibre. Por esos años, nuestros grandes hombres tenían carácter, firmeza, valor, fe, pasión, ideales.

En la mencionada edición, dirigida por don Francisco Cruz, se han reunido como apéndice algunos «apuntes sobre la guerra», que no forman parte del libro; a pesar de su interés documentario, pues sirvieron sin duda a la compilación del mismo, creemos inútil su reproducción, por cuanto del cotejo efectuado resulta que se trata de fragmentos incluídos ya en EL CRIMEN DE LA GUERRA, con ligeras variantes de forma, o de simples comentarios a la guerra franco-prusiana del 70, ajenos a la obra misma.

Para la más fácil inteligencia del texto se han llenado, con la fidelidad posible, los subtítulos de capítulo que Alberdi dejó en blanco; a fin de evitar un posible error al respecto, prevenimos que los subtítulos agregados en la presente edición se hallan entre paréntesis()—.

*

EL CRIMEN DE LA GUERRA

Cap. I -- Derecho histórico de la guerra

I.

ORIGEN HISTÓRICO DEL DERECHO DE LA GUERRA

El crimen de la guerra. Esta palabra nos sorprende, sólo en fuerza del grande hábito que tenemos de esta otra, que es la realmente incomprensible y monstruosa: *el derecho de la guerra*, es decir, el derecho del homicidio, del robo, del incendio, de la devastación en la más grande escala posible; porque esto es la guerra, y si no es ésto, la guerra no es la guerra.

Estos actos son *crímenes* por las leyes de todas las naciones del mundo. La guerra los sanciona y convierte en actos honestos y legítimos, viniendo a ser en realidad la guerra el *derecho del crimen*, contrasentido espantoso y sacrílego, que es un sarcasmo contra la civilización.

Esto se explica por la historia. El derecho de gentes que practicamos, es *romano* de origen como nuestra raza y nuestra civilización.

El derecho de gentes romano, era el derecho del pueblo romano para con el extranjero.

Y como el *extranjero* para el romano, era sinónimo del *bárbaro* y del *enemigo,* todo su derecho externo era equivalente al. *derecho de la guerra.*

El acto que era un crimen de un romano para con otro, no lo era de un romano para con el extranjero.

Era natural que para ellos hubiese dos derechos y dos justicias, porque todos los hombres no eran hermanos, ni todos iguales. Más tarde ha venido la moral cristiana, pero han quedado siempre las dos justicias del derecho romano, viviendo a su lado, como rutina más fuerte que la ley.

Se cree generalmente que no hemos tomado a los romanos sino su *derecho civil:* ciertamente que era lo mejor de su legislación, porque era la ley con que se trataban a sí mismos: la caridad en la casa.

Pero en lo que tenían de peor, es lo que más les hemos tomado, que es su derecho público externo e interno: el despotismo y la guerra, o más bien la guerra en sus dos fases.

Les hemos tomado la guerra, es decir, el crimen, como medio legal de discusión, y sobre todo de engrandecimiento; la guerra, es decir, el crimen como manantial de la riqueza, y la guerra, es decir, siempre el crimen como medio de gobierno interior. De la guerra es nacido el gobierno de la espada, el gobierno militar, el gobierno del ejército que es el gobierno de la fuerza sustituida a la justicia y al derecho como principio de autoridad. No pudiendo hacer que lo que es justo sea fuerte, se ha hecho que lo que es fuerte sea justo. (Pascal).

Maquiavelo vino en pos del renacimiento de las letras romanas y griegas, y lo que se llama el *maquiavelismo* no es más que el derecho público romano restaurado. No se dirá que Maquiavelo tuvo otra fuente de doctrina que la historia romana, en cuyo conocimiento era profundo. El fraude en la política, el dolo en el gobierno, el engaño en las relaciones de los Estados, no es invención del republicano de Florencia, que, al contrario, amaba la libertad y la sirvió bajo los Médicis en los tiempos floridos de la Italia moderna. Todas las doctrinas malsanas que se atribuyen a la invención de Maquiavelo, las habían practicado los romanos. Montesquieu nos ha demostrado el secreto ominoso de su engrandecimiento. Una grandeza nacida del olvido del derecho debió necesariamente naufragar en el abismo de su cuna, y así aconteció para la educación política del género humano.

La educación se hace, no hay que dudarlo, pero con lentitud.

Todavía somos romanos en el modo de entender y practicar las máximas del derecho público o del gobierno de los pueblos.

Para no probarlo sino por un ejemplo estrepitoso y actual, veamos la Prusia de 1866 (1).

(1) Estas páginas fueron escritas en los primeros días de 1870, poco antes de la guerra franco-prusiana. Por lo que hace a esta última véase más adelante las notas encabezadas con el título de la "Guerra Moderna", en la edición citada.

Ella ha demostrado ser el pais del derécho romano por excelencia, no sólo como ciencia y estudio, sino como práctica. Niebühr y Savigny no podían dejar de producir a Bismark, digno de un asiento en el Senado Romano de los tiempos en que Cartago, el Egipto y la Grecia, eran tomados como materiales brutos para la constitución del edificio romano.

El olvido franco y candoroso del derecho, la conquista inconsciente, por decirlo así, el despojo y la anexión violenta, practicados como medios legales de engrandecimiento, la necesidad de ser grande y poderoso por vía de lujo, invocada como razón legítima para apoderarse del débil y comerlo, son simples máximas del derecho de gentes romano, que consideró la guerra como una industria tan legítima como lo es para nosotros el comercio, la agricultura, el trabajo industrial. No es más que un vestigio de esa política, la que la Europa sorprendida sin razón admira en el conde de Bismark.

Así se explica la repulsión instintiva contra el derecho público romano, de los talentos que se inspiraron en la democracia cristiana y moderna, tales como Tocqueville, Laboulaye, Acollas, Chevalier, Coquerel, etc.

La democracia no se engaña en su aversión instintiva al cesarismo. Es la antipatía del derecho a la fuerza como base de autoridad; de la razón al capricho como regla de gobierno.

La espada de la justicia no es la espada do la guerra. La justicia, lejos de ser beligerante, es ajena de interés y es neutral en el debate sometido a su fallo. La guerra deja de ser guerra si no es el duelo de dos litigantes armados que se hacen justicia mutua por la fuerza de su espada.

La espada de la guerra es la espada de la parte litigante, es decir, parcial y necesariamente injusta.

II

NATURALEZA DEL CRIMEN DE LA GUERRA

El crimen de la guerra es el de la justicia ejercida de un modo criminal, pues también la justicia puede servir de instrumento del crimen, y nada lo prueba mejor que la guerra misma, la cual es un *derecho*, como lo demuestra Grocio, pero un derecho que, debiendo ser ejercido por la parte interesada, erigida en juez de su cuestión, no puede humanamente dejar de ser parcial en su favor al ejercerlo, y en esa parcialidad, generalmente enorme, reside el crimen de la guerra

La guerra es el crimen de los soberanos, es decir, de los encargados de ejercer el derecho del Estado a juzgar su pleito con otro Estado.

Toda guerra es presumida justa porque todo acto soberano, como acto legal, es decir, del legislador, es presumido justo. Pero como todo juez deja de ser justo cuando juzga su propio pleito, la guerra, por ser la justicia de la parte, se presume injusta de derecho.

La guerra considerada como crimen,—el *crimen de la guerra*,— no puede ser objeto de un libro, sino de un capítulo del libro que trata del derecho de las Naciones entre sí: es el capítulo del derecho penal internacional. Pero ese capítulo es dominado por el libro en su principio y doctrina. Así, hablar del crimen de la guerra, es tocar todo el derecho de gentes por su base.

El crimen de la guerra reside en las relaciones de la guerra con la moral, con la justicia absoluta, con la religión aplicada y práctica, porque ésto es lo que forma la ley natural o el derecho natural de las naciones, como de los individuos.

Que el crimen sea cometido por uno o por mil, contra uno o contra mil, el crimen en sí mismo es siempre el crimen.

Para probar que la guerra es un crimen, es decir, una violencia de la justicia en el exterminio de seres libres y jurídicos, el proceder debe ser el mismo que el derecho penal emplea diariamente para probar la criminalidad de un hecho y de un hombre.

La estadística no es un medio de probar que la guerra es un crimen. Si lo que es crimen, tratándose de uno, lo es igualmente tratándose de mil, y el número y la cantidad pueden servir para la apreciación de las circunstancias del crimen, no para su naturaleza esencial, que reside toda en sus relaciones con la ley moral.

La moral cristiana, es la moral de la civilización actual por excelencia; o al menos no hay moral civilizada que no coincida con ella en su incompatibilidad absoluta con la guerra.

El cristianismo como la ley fundamental de

la sociedad moderna, es la abolición de la guerra, o mejor dicho, su condenación como un crimen.

Ante la ley distintiva de la cristiandad, la guerra es evidentemente un crimen. Negar la posibilidad de su abolición definitiva y absoluta, es poner en duda la practicabilidad de la ley cristiana.

El R. Padre Jacinto decía en su discurso (del 24 de Junio de 1863), que el catecismo de la religión cristiana es el catecismo de la paz. Era hablar con la modestia de un·sacerdote de Jesucristo.

El evangelio es el derecho de gentes moderno, es la verdadera ley de las naciones civilizadas, como es la ley privada de los hombres civilizados.

El día que el Cristo ha dicho: *presentad la otra mejilla al que os dé una bofetada*, la victoria ha cambiado de naturaleza y de asiento, la gloria humana ha cambiado de principio.

El cesarismo ha recibido con esa gran palabra su herida de muerte. Las armas que eran todo su honor, han dejado de ser útiles para la protección del derecho refugiado en la generosidad sublime y heróica.

La gloria desde entonces no está del lado de las armas, sino vecina de los mártires; ejemplo: el mismo Cristo, cuya humillación y castigo sufrido sin defensa, es el símbolo de la grandeza sobrehumana. Todos los Césares se han postrado a los pies del sublime abofeteado.

Por el arma de su humildad, el cristianismo ha conquistado las dos cosas más grandes de la tierra: la paz y la libertad.

Paz en la tierra a los hombres de buena voluntad, era como decir paz a los humildes, libertad a los mansos, porque la buena voluntad es la que sabe ceder pudiendo resistir.

La razón porque sólo son libres los humildes, es que la humildad, como la libertad, es el respeto del hombre al hombre; es la libertad del uno, que se inclina respetuosa ante la libertad de su semejante; es la libertad de cada uno erigida en majestad ante la libertad del otro.

No tiene otro secreto ese amor respetuoso por la paz, que distingue a los pueblos libres. El hombre libre, por su naturaleza moral, se acerca del cordero más que del león: es manso y paciente por su naturaleza esencial, y esa mansedumbre es el signo y el resorte de la libertad, porque es ejercida por el hombre respecto del hombre.

Todo pueblo en que el hombre es violento, es pueblo esclavo.

La violencia, es decir la guerra, está en cada hombre, como la libertad, vive en cada viviente, donde ella vive en realidad.

La paz, no vive en los tratados ni en las leyes internacionales escritas; existe en la constitución moral de cada hombre; en el modo de ser que su voluntad ha recibido de la ley moral según la cual ha sido educado. El cristiano, es el hombre de paz, o no es cristiano.

Que la humildad cristiana es el alma de la sociedad civilizada moderna, a cada instante se nos escapa una prueba involuntaria. Ante un agravio contestado por un acto de generosidad, todos maquinalmente exclamamos:—

qué noble! qué grande!—Ante un acto de venganza, decimos al contrario:—*qué cobarde! qué bajo! qué estrecho!*—Si la gloria y el honor son del grande y del noble, no del cobarde, la gloria es del que sabe vencer su instinto de destruir, no del que cede miserablemente a ese instinto animal. El grande, el magnánimo, es el que sabe perdonar las grandes y magnas ofensas. Cuanto más grande es la ofensa perdonada, más grande es la nobleza del que perdona.

Por lo demás, conviene no olvidar que no siempre la guerra es crimen; también es la justicia cuando es el castigo del crimen de la guerra criminal. En la criminalidad internacional sucede lo que en la civil o doméstica: el homicidio es crimen cuando lo comete el asesino, y es justicia cuando lo hace ejecutar el juez.

Lo triste es que la guerra puede ser abolida como justicia, es decir, como la pena de muerte de las naciones; pero abolirla como crimen, es como abolir el crimen mismo, que, lejos de ser obra de la ley, es la violación de la ley. En esta virtud, las guerras serán progresivamente más raras por la misma causa que disminuye el número de crímenes: la civilización moral y material, es decir, la mejora del hombre.

III

SENTIDO SOFISTICO EN QUE LA GUERRA ES UN DERECHO

Toda la grande obra de Grocio ha tenido por objeto probar que no siempre la guerra es un crimen; y que es, al contrario, un derecho compatible con la moral de todos los tiempos y con la misma religión de Jesucristo.

En qué sentido es la guerra un *derecho* para Grocio? En el sentido de la guerra considerada como el derecho de propia defensa, a falta de tribunales; en el sentido del derecho penal que asiste al hombre para castigar al hombre que se hace culpable de un crimen en su daño; en el sentido de un modo de proceder o de acción en justicia, con que las naciones resuelven sus pleitos por la fuerza cuando no pueden hacerlo por la razón.

Era un progreso, en cierto modo, el ver la guerra de este aspecto; porque en su calidad de *derecho*, obedece a principios de justicia, que la fuerzan a guardar cierta linea para no degenerar en crimen y barbarie.

Pero, lo que fué un progreso hará dos y medio siglos para Grocio, ha dejado de serlo bajo otros progresos, que han revelado la monstruosidad del pretendido derecho de la guerra en otro sentido fundamental.

Considerado el *derecho de la guerra* como la justicia penal del *crimen de la guerra;* admitido que la guerra puede ser un derecho como puede ser un crimen, así como el homicidio es un acto de justicia o es un crimen, según que lo ejecuta el *juez* o el *asesino:* ¿cuál es el juez encargado de discernir el caso en que la guerra es un derecho y no un crimen? ¿Quién es ese juez? Ese juez es el mismo contendor o litigante. De modo que la guerra es una manera de administrar justicia en que cada parte interesada es la víctima, el fiscal, el testigo, el juez y el criminal al mismo tiempo.

En el estado de barbarie, es decir, en la ausencia total de todo orden social, este es el único medio posible de administrar justicia; es decir, que es la justicia de la barbarie, o más bien un expediente supletorio de la justicia civilizada.

Pero, en todo estado de civilización, esta manera de hacer justicia es calificada como crimen, perseguida y castigada como tal, aun en la hipótesis de que el culpable de ese delito (que se llama *violencia* o *fuerza*) tenga derecho contra el culpable del crimen que motiva la guerra.

No es el empleo de la fuerza, en ese caso, lo que convierte la justicia en delito; el juez no emplea otro medio que la fuerza para hacer efectiva su justicia. Es el acto de constituirse en juez de su adversario, que la ley presume con razón un delito, porque es imposible que un hombre pueda hacerse justicia a sí mismo sin hacer injusticia a su adversario; tal es su naturaleza, y ese defecto es toda la razón de ser del orden social, de la ley social y del juez que juzga en nombre de la sociedad contra, el pleito en que no tiene la menor parte inmediata y directa, y sólo así puede ser justo.

Si no hay más que un derecho, como no hay más que una gravitación; si el hombre aislado no tiene otro derecho que el hombre colectivo, ¿se concibe que lo que es un delito de hombre a hombre, pueda ser un derecho de pueblo a pueblo?

Toda nación puede tener igual derecho para obrar en justicia; cada una puede hacerlo con igual buena fe con que la hacen dos litigantes ante un juez; pero como la justicia es una, todo pleito envuelve una falta de una parte u otra; y de igual modo en toda guerra hay, un crimen y un criminal que puede ser de robo u otro, y además dos culpables del delito de *fuerza* o *violencia*.

IV

FUNDAMENTO RACIONAL DEL DERECHO DE LA GUERRA

La guerra no puede tener más que un fundamento legítimo, y es el derecho de defender la propia existencia. En este sentido, el derecho de matar se funda en el derecho de vivir, y sólo en defensa de la vida se puede quitar la vida. En saliendo de ahí el homicidio es asesinato, sea de hombre a hombre, sea de nación a nación. El derecho de mil no pesa más que el derecho de uno solo en la balanza de la justicia; y mil derechos juntos no pueden hacer que lo que es crimen sea un acto legítimo.

Basta eso solo para que todo el que hace la guerra pretenda que la hace en su defensa. Nadie se confiesa agresor, lo mismo en las querellas individuales que en las de pueblo a pueblo (1).

Pero como los dos no pueden ser agresores, ni los dos defensores a la vez, uno debe ser necesariamente el agresor, el atentador, el iniciador de la guerra y por tanto el *criminal*.

¿Qué clase de agresión puede ser causa justificativa de un acto tan terrible como la guerra? Ninguna otra que la guerra misma. Sólo el peligro de perecer puede justificar el derecho de matar de un pueblo honesto.

La guerra empieza a ser un crimen desde que su empleo excede la necesidad estricta de salvar la propia existencia. No es un derecho, sino como defensa.—Considerada como agresión es atentado. Luego en toda guerra hay un criminal.

La defensa se convierte en agresión, el derecho en crimen, desde que el tamaño del mal hecho por la necesidad de la defensa excede del tamaño del mal hecho por vía de agresión no provocada.

Hay o debe haber una escala proporcional

---

(1) A oir a los beligerantes se diría que todos se defienden y ninguno ataca, en cuyo caso los gobiernos vendrían a ser en blandura más semejantes al cordero, que al tigre. Sin embargo, ninguno quiere ser simbolizado por un cordero o una paloma; y todos se hacen representar en sus escudos por el león, el águila, el gallo, el toro, animales bravos y agresores. Esos símbolos son en sí mismos una instrucción.—N. del A.

de penas y delitos en el derecho internacional criminal, como la hay en el derecho criminal interno o doméstico.

Pero esa proporcionalidad será eternamente platónica y nominal en el derecho de gentes, mientras el juez llamado a fijar el castigo que pertenece al delito sea la parte misma ofendida, para cuyo egoísmo es posible que no haya jamás un castigo condigno del ataque inferido a su amor propio, a su ambición, a su derecho mismo.

Sólo así se explica que una Nación fuerte haga expiar por otra relativamente débil, lo que su vanidad quiere considerar como un ataque hecho a su *dignidad*, a su *honor*, a su *rango*, con la sangre de miles de sus ciudadanos o la pérdida de una parte de su territorio o de toda su independencia.

V.

(LA GUERRA ES UNA JUSTICIA ADMINISTRADA POR LOS REOS)

La guerra es un modo que usan las naciones de administrarse la justicia criminal unas a otras con esta particularidad, que en todo proceso cada parte es a la vez juez y reo, fiscal y acusado, es decir, el juez y el ladrón, el juez y el matador.

Como la guerra no emplea sino castigos corporales y sangrientos, es claro que los hechos de su jurisdicción deben ser todos criminales

La guerra, entonces, viene a ser en el derecho

internacional, el derecho criminal de las naciones.

En efecto, no toda guerra es crimen; ella es a la vez, según la intención, crimen y justicia, como el homicidio sin razón es asesinato, y el que hace el juez en la persona del asesino es justicia.

Queda, es verdad, por saberse si la *pena de muerte* es legítima. Si es problemático el derecho de matar a un asesino, cómo no lo será el de matar a miles de soldados que hieren por orden de sus gobiernos?

Es la guerra una justicia sin juez, hecha por las *partes* y, naturalmente, *parcial* y mal hecha. Más bien dicho, es una justicia administrada por los reos, de modo que sus fallos se confunden con sus iniquidades y sus crímenes. Es una justicia que se confunde con la criminalidad.

Y ésto es lo que recibe en muchos libros el nombre de una rama del *derecho de gentes*. Si las hienas y los tigres pudiesen reflexionar y hablar de nuestras cosas humanas como los salvajes, ellos reivindicarían para sí, aun de éstos mismos, el derecho de propiedad de nuestro sistema de enjuiciamiento criminal internacional.

Lo singular es que los tigres no se comen unos a otros en sus discusiones, por vía de argumentación, ni las hienas se hacen la guerra unas a otras, ni las víboras emplean entre sí mismas el veneno de que están armadas.

Sólo el hombre, que se cree formado a imagen de Dios, es decir, el símbolo terrestre de la bondad absoluta, no se contenta con matar a los animales para comerlos; con quitarles la piel para proteger la que ya tienen sus pies y sus manos; con dejar sin lana a los carneros, para cubrir con ella la desnudez de su cuerpo; con quitar a los gusanos la seda que trabajan, para vestirse; a las abejas, la miel que elaboran para su sustento; a los pájaros, sus plumas; a las plantas, las flores que sirven a su regeneración; a las perlas y corales su existencia misteriosa para servir a la vanidad de la bella mitad del hombre; sino que hace con su mismo semejante (a quien llama su *hermano*), lo que no hace el tigre con el tigre, la hiena con la hiena, el oso con el oso: lo mata, no para comerlo (lo cual sería una circunstancia atenuante) sino por darse el placer de no verlo vivir. Así, el antropófago es más excusable que el hombre civilizado en sus guerras y destrucción de mera vanidad y lujo.

Es curioso que para justificar esas venganzas haya prostituído su razón misma, en que se distingue de las bestias. Cuesta creer, en efecto, que se denomine *ciencia del derecho de gentes* la teoría y la doctrina de los crímenes de la guerra.

¿Qué extraño es que Grocio, el verdadero creador del *derecho de gentes* moderno, haya desconocido el fundamento racional del derecho de la guerra? Kent, otro pensador de su talla, no lo ha encontrado más comprensible; y los que han sacado sus ideas de sus cerebros realmente humanos, como Cobden y los de su escuela, han visto en la guerra, no un *derecho* sino un *crimen*, es decir, la muerte del derecho.

Se habla de los progresos de la guerra por

el lado de la humanidad. Lo más de ello es
un sarcasmo. Esta humanidad se cree mejo-
rada y trasformada, porque en vez de quemar
apuñalea; en vez de matar con lanzas, mata
con balas de fusil; en vez de matar lenta-
mente, mata en un instante.

La humanidad de la guerra en esta forma,
recuerda la fábula del carnero y la liebre.—
¿En qué forma prefiere usted ser frita?—Es
que no quiero ser frita de ningún modo.—Usted elude la cuestión; no se trata de dejar
a usted viva, sino de saber la forma en que
debe ser frita y comida.

VI

ORIGENES Y CAUSAS BASTARDAS DE LA GUERRA EN LOS TIEMPOS ACTUALES

Uno de los motivos o de los pretextos más
a la moda para las guerras de nuestro tiempo,
es el interés o la necesidad de completarse te-
rritorialmente. Ningún Estado se considera
completo, al revés de los hombres, que todos
se creen perfectos. Y como la idea de lo que
es completo o incompleto es puramente relativa,
lo que es completo hoy día no tardará en dejar
de serlo o parecerlo, siendo hoy motivo de
estarse en paz lo que mañana será razón para
ponerse en guerra.

De todos los pretextos de la guerra, es el
más injusto y arbitrario. El se dá la mano con
el de la desigualdad de fortunas, invocado por

los socialistas como motivo para reconstruir
la sociedad civil, sobre la iniquidad de un nivel que suprima las variedades fecundas de la
naturaleza humana.

Lo singular es que los propagadores de ese
socialismo internacional no son los estados más
débiles y más pobres, sino al contrario, los
más poderosos y extensos; lo que prueba que
su ambición injusta es una variedad del anhelo ambicioso de ciertos imperios a la do-
minación universal o continental. En el socialismo de los individuos, la guerra viene de los
desheredados; en el socialismo internacional del
mundo, la perturbación viene de los más bien dotados. Lejos de servir de equilibrio, tales guerras tienen por objeto perturbarlo, en beneficio
de los fuertes y en daño de los débiles. La
iniquidad es el sello que distingue tales guerras.

Con otro nombre, ese ha sido y será el motivo principal y eterno de todas las guerras
humanas:—la ambición, el deseo instintivo del
hombre de someter a su voluntad el mayor número posible de hombres, de territorio, de riqueza, de poder y autoridad.

Este deseo, fuente de perturbación, no puede
encontrar su correctivo sino en sí mismo. Es
preciso que él se estrelle en su semejante para
que sepa moderarse, y es lo que sucede cuando
el poder, es decir, la inteligencia, la voluntad y
la acción dejan de ser el monopolio de uno o
de pocos y se vuelve patrimonio de muchos
o de los más.

La justicia internacional, es decir, la independencia limitada por la independencia, em-

pieza a ser reconocida y respetada por los Estados desde que muchos Estados coexisten a la vez.

VII

(LA GUERRA Y LA AMBICION DEL PODER)

Por lo general, en Sud-América la guerra no tiene más que un objeto y un fin, aunque lo cubran mil pretextos:—es el interés de ocupar y poseer el poder. El poder es la expresión más algebraica y general de todos los goces y ventajas de la vida terrestre, y se diría que de la vida futura misma, al ver el ahínco con que lo pretende el gobierno de la Iglesia, es decir, de la grande asociación de las almas..

Falta saber, ¿dónde y cuándo no ha sido ese el motivo motor y secreto de todas las guerras de los hombres?

El que pelea por límites, pelea por la mayor o menor extensión de su poder. El que pelea por la independencia nacional o provincial, pelea por ser poseedor del poder que retiene el extranjero. El que pelea por el establecimiento de un gobierno mejor que el que existe, pelea por tener parte en el nuevo gobierno. El que pelea por derechos y libertades, pelea por la extensión de su poder personal, porque el derecho es la *facultad* o *poder* de disponer de algún bien. El que pelea por la sucesión de un derecho soberano, pelea, naturalmente, en el interés de poseerlo en parte.

¿Qué es el poder en su sentido filosófico?

La extensión del *yo*, el ensanche y alcance de nuestra acción individual o colectiva en el mundo, que sirve de teatro a nuestra existencia. Y como cada hombre y cada grupo de hombres, busca el poder por una necesidad de su naturaleza, los conflictos son la consecuencia de esa identidad de miras; pero tras esa consecuencia, viene otra, que es la paz o solución de los conflictos por el respeto del derecho o ley natural por el cual el poder de cada uno es el límite del poder de su semejante.

Habrá conflictos mientras haya antagonismos de intereses y voluntades entre los seres semejantes; y los habrá mientras sus aspiraciones naturales tengan un objeto común e idéntico.

Pero esos conflictos dejarán de existir por su solución natural, que reside en el respeto del derecho que protege a todos y a cada uno. Así, los conflictos no tendrán lugar sino para buscar y encontrar esa solución, en que consiste la paz, o concierto y armonia de todos los derechos semejantes.

Cap. II.— Naturaleza jurídica de la guerra

I

(LA GUERRA ES JUSTICIA O CRIMEN, SEGUN SU CAUSA MORAL)

La *Justicia* y el *Crimen* están armados de
una espada. Naturalmente, la espada es para
herir y matar. Ambos matan.

¿Por qué la muerte que dá la una es un
acto de justicia, y la que dá el otro es un *crimen?* Porque la una es un acto de *defensa* y
la otra es un acto de *agresión:* la una es la
defensa del derecho; la otra es un ataque contra el derecho que protege a todos.

Así, la muerte violenta de un hombre, es un bien o es un mal, es un acto de justicia o es un crimen, según el motivo y la mira que preside a su ejecución.

Lo que sucede entre la sociedad y un solo hombre, sucede entre una sociedad y otra sociedad, entre nación y nación.

Toda guerra, como toda violencia sangrienta, es un crimen o es un acto de justicia, según la causa moral que la origina.

II

(LA GUERRA PUEDE SER LEGAL, SIN DEJAR DE SER CRIMINAL)

Se dice legal la muerte que hace el juez, porque mata en nombre de la ley que protege a la sociedad. Pero no todo lo que es legal es justo, y el juez mismo es un asesino cuando mata sin justicia. No basta ser juez para ser justo, ni basta ser soberano, es decir, tener el derecho de castigar, para que el castigo deje de ser un crimen, si es injusto.

Siendo la guerra un crimen que no puede ser cometido sino por un soberano, es decir, por el único que puede hacerla legalmente, se presume que toda guerra es legal, a causa de que toda guerra es hecha por el que hace la ley.

Pero como el que hace la ley no hace la justicia o el derecho, el soberano puede ser responsable de un crimen, cuando hace una ley que es la violación del derecho, lo mismo que el último culpable.

Y es indudable que el derecho puede ser hollado por medio de una ley, como puede serlo por el puñal de un asesino.

Luego el legislador, no por ser legislador está exento de ser un criminal, y la ley no por ser ley está exenta de ser un crimen, si con el nombre de ley ella es un acto atentatorio contra el derecho.

Así la guerra puede ser legal, en cuanto es hecha por el legislador, sin dejar de ser criminal en cuanto es hecha contra el derecho.

De ahí viene que toda guerra es legal por ambas partes, si por ambas partes es hecha por los soberanos; pero como la justicia es una, ella ocupa en toda guerra el polo opuesto del crimen, es decir, que en toda guerra hay un ciminal y un juez.

La guerra puede ser él único medio de hacerse justicia a falta de un juez; pero es un medio primitivo, salvaje y anti-civilizado, cuya desaparición es el primer paso de la civilización en la organización interior de cada Estado. Mientras él viva entre nación y nación, se puede decir que los Estados civilizados siguen siendo salvajes en su administración de justicia internacional.

III

(OBJETO, MEDIOS Y RESULTADOS DE LA GUERRA)

La guerra puede ser considerada a la vez como un *crimen*, si es hecha en violación del derecho; como un *castigo penal* de ese crimen, si es hecha en defensa del derecho; como un procedimiento desesperado en que cada litigante es juez y parte, y en que la fuerza triunfante recibe el nombre de justicia.

El *crimen de la guerra* puede estar en su *objeto* cuando tiene por mira la conquista, la destrucción estéril, la mera venganza, la destrucción de la libertad o independencia de un Estado y la esclavitud de sus habitantes; en sus *medios*, cuando es hecho por la *traición*, el *dolo*, el *incendio*, el *veneno*, la *corrupción*, el *soborno*, es decir, por las armas del crimen, ordinario, en vez de hacerse por la fuerza limpia, abierta, franca y leal; o en sus *resultados* y *efectos*, cuando la guerra, siendo justa en su origen, degenera en conquista, opresión y exterminio.

IV.

(EL DERECHO DE LA GUERRA Y LA JUSTICIA)

Si el derecho es uno, ¿puede la guerrra, que es un *crimen* entre los *particulares*, ser un *derecho* entre las Naciones?

La ley civil de todo pais culto condena el acto de hacerse justicia a sí mismo. ¿Por qué? Porque el interés propio entiende siempre por *justicia*, lo que es iniquidad para el interés ajeno.

Lo que es regla en el hombre individual, lo es en el hombre colectivo.

Decir que a falta de juez es lícito hacerse justicia a sí mismo, es como decir que a falta de juez cada uno tiene derecho de ser injusto.

Todo el derecho de la guerra gira sobre esta regla insensata. Lo que se llama *derecho de la guerra* de nación a nación, es lo mismo que se llama crimen de la guerra de hombre a hombre.

No habrá paz ni justicia internacional, sino cuando se aplique a las naciones el derecho de los hombres.

Toda nación, como todo hombre, comete violencia cuando persigue por vía de hecho aun lo mismo que le pertenece.

Toda violencia envuelve presunción de injusticia y crimen.

La violencia no tiene o no debe tener jamás razón; y toda guerra en cuanto violencia, debe ser presumida injusta y criminal, por la regla de que nadie puede ser juez y parte, sin ser injusto.

La unidad del derecho es el santo remedio de la reforma del derecho internacional sobre sus cimientos naturales.

V

(LAS NACIONES NO PUEDEN DELINQUIR COLECTIVA- MENTE)

En el derecho internacional, no toda violencia es la guerra, como en el derecho privado no toda ejecución es una pena corporal.

Hay ejecuciones civiles, como hay ejecuciones penales.

Toda ejecución, es verdad, implica violencia.

El juez civil que ejecuta al deudor civil, usa de la violencia, como el juez del crimen se sirve de ella cuando hace ahorcar al criminal.

Pero hay violencias que sólo se ejercen en las propiedades, y otras que sólo se ejercen en las personas.

Las primeras constituyen, en derecho internacional, las *represalias*, los *bloqueos*, los *rehenes*, etc.; las segundas constituyen la *guerra*, es decir, la sangre.

La ejecución corporal por deudas, barbarie de otras edades, acaba de abolirse por la civilización en materia de derecho civil privado; ¿quedaría vigente la ejecución corporal por deudas, es decir, la guerra por deudas, en materia de derecho internacional? Si la una es la *barbarie*, ¿la otra seria la *civilización?*

Las guerras por deudas, son la pura barbarie.

Las guerras, por intereses materiales de orden territorial, marítimo o comercial, de que no depende o en que no está interesada la vida del Estado, son la barbarie pura. Ellas son la aplicación de penas sangrientas a la solución de pleitos internacionales realmente *civiles* o *comerciales*

Las guerras por pretendidas ofensas hechas al honor nacional, son guerras de barbarie, porque de tales ofensas no puede nacer jamás la muerte del Estado.

El hombre no tiene derecho de matar al hombre, sino en defensa de su propia vida; y el derecho que no tiene el hombre, no lo tiene el Estado (que no es sino el hombre considerado en cierta posición.

La guerra no es legítima sino como pena

judicial de un crimen. Pero ¿puede un Estado hacerse culpable de un crimen?

No hay crimen donde no hay intención criminal. ¿Se concibe que veinte o treinta millones de seres humanos se concierten para perpetrar un crimen, a sabiendas y premeditadamente, contra otros veinte o treinta millones de seres humanos?

La idea de un crimen nacional es absurda, imposible; aun en el caso imposible en que la nación se gobierne a sí misma como un solo hombre.

VI

(NO HAY GUERRAS JUSTAS NI CIVILIZADAS)

La palabra *guerra justa*, envuelve un contrasentido salvaje; es lo mismo que decir, crimen justo, crimen santo, crimen legal.

No puede haber guerra justa, porque no hay guerra juiciosa.

La guerra es la pérdida temporal del juicio. Es la enajenación mental, especie de locura o monomanía, más o menos crítica o transitoria.

Al menos es un hecho que, en el estado de guerra, nada hacen los hombres que no sea una locura, nada que no sea malo, feo, indigno del hombre bueno.

De una y otra parte, todo cuanto hacen los hombres en guerra para sostener su derecho, como llaman a su encono, a su egoísmo salvaje, es torpe, cruel, bárbaro.

El hombre en guerra no merece la amistad

del hombre en paz. La guerra, como el crimen, sabe suspender todo contacto social alrededor del que se hace culpable de ese crimen contra el género humano; como el que riñe obliga a las gentes honestas a apartar sus miradas del espectáculo inmoral de su violencia.

Guerra civilizada es un barbarismo equivalente al de *barbarie civilizada*.

Excluir a los salvajes de la guerrra internacional, es privar a la guerra de sus soldados naturales.

VII

(LOS MEDIOS USADOS EN LA GUERRA)

Para saber si los fines de una guerra son *civilizados*, no hay sino que ver cuáles son los medios de que la guerra se sirve para llegar a su fin.

Lejos de ser cierto que el *fin* justifica los *medios*, son los medios los que justifican el fin, en la guerra todavía más que en la política.

Cuando los medios son bárbaros y salvajes, es imposible admitir que la guerra pueda tener fines civilizados.

Así, hasta en la guerra contra los salvajes, un pueblo civilizado no debe emplear medios que no sean dignos de él mismo, ya que no del salvaje.

VIII

LA GUERRA ES UN SOFISMA : ELUDE LAS CUESTIO-
NES, NO LAS RESUELVE.

La guerra es una manera de solución, que se acerca más bien del azar, ·del juego y de la casualidad. Por eso se habla de la *suerte de las armas*, como de la suerte de los dados.

Así considerada, es más inteligible como mera solución brutal o bestial.

La guerra, según esto, dá la razón al que tiene la suerte de *vencer*. Es la fortuna ciega de las armas elevada al rango del derecho.

Viene a ser la guerra, en tal caso, una manera de juego, en que la *suerte de las batallas* decide de lo justo y de lo injusto.

A ese doble título de juego y de bestialidad, la guerra es un oprobio de la especie humana y una negación completa de la civilización.

La fuerza ciega y la fortuna sin ojos, no pueden resolver lo que la vista clara de la inteligencia no acierta a resolver.

Es verdad que esta vista clara pertenece solo a la justicia, pues el interés y la pasión ciegan los ojos del que se erige en juez de su enemigo.

Para ser juez *imparcial*, es preciso no ser parte en la disputa: es decir, es preciso *ser neutral*.

Neutralidad e imparcialidad, son casi sinónimos: y en la lengua ordinaria, *parcialidad* es sinónimo de *injusticia*.

Luego el juez único de los estados que combaten sobre un punto litigioso, es el mundo neutral. Y como no hay guerra que no redunde en perjuicio del mundo neutral, su competencia para juzgarla descansa sobre un doble título de imparcialidad y conveniencia: no conveniencia en que triunfe una parte más que otra, sino en que no pidan a la guerrra la solución imposible de sus conflictos.

Pero si es verdad que la guerra empieza desde que falta el juez (lo cual quiere decir que la iniquidad se vuelve justicia en la auseneia del juez), la guerra será la justicia ordinaria de las naciones mientras ellas vivan sin un juez común y universal.

¿Dejará de existir ese juez mientras las naciones vivan independientes de toda autoridad común constituida expresamente por ellas?—Yo creo que la falta de esa autoridad así constituída no impide la posibilidad de una *opinión*, es decir, de un *juicio*, de un *fallo*, emitido por la mayoría de las naciones, sobre el debate que divide a dos o más de ellas.

Desde que esa opinión existe, o es posible, la ley internacional y la justicia pronunciada según ella, son posibles, porque entre las naciones, como entre los individuos, en la sociedad mundo como en la sociedad nación, la ley no es otra cosa que la expresión de la opinión general, y la mejor sentencia judicial es la que concuerda completamente con la conciencia pública.

La *opinión del mundo* ha dejado de ser un nombre y se ha vuelto un hecho posible y práctico desde que la prensa, la tribuna, la electricidad y el vapor, se han encargado de recoger los votos del mundo entero sobre todos los debates que lo afectan (como son todos aquellos en que corre sangre humana), facilitando su escrutinio imparcial y libre, y dándolo a conocer por las mil trompetas de la prensa libre

Juzgar los crimenes es más que castigarlos, porque no es el castigo el que arruina al criminal, es la sentencia: el azote que nos da el cochero por inadvertencia, es un accidente de nada: el que nos da el juez, aunque sea más suave, nos arruina para toda la vida. El condenado por contumacia v. g., no escapa por eso a su destrucción moral.

IX

BASE NATURAL DEL DERECHO INTERNACIONAL DE LA GUERRA Y DE LA PAZ

El derecho es uno para todo el género humano, en virtud de la unidad misma del género humano.

La unidad del derecho, como ley juridica del hombre: esta es la grande y simple base en que debe ser construido todo el edificio del derecho humano.

Dejemos de ver tantos derechos como actitudes y contactos tiene el hombre sobre la tierra; un derecho para el hombre como miembro de la *familia;* otro derecho para el hombre como *comerciante;* otro para el hombre como *agricultor;* otro para el hombre *político;* otro para dentro de *casa;* otro para los de *fuera.*

Toda la confusión y la oscuridad, en la percepción de un derecho simple y claro como regla moral del hombre, viene de ese Olimpo o multitud de Dioses que no viven sino en la fantasia del legislador humano.

Un solo Dios, un solo hombre como especie, un solo derecho como ley de la especie humana.

Esto interesa sobre todo a la faz del derecho denominado *internacional,* en cuanto regla las relaciones jurídicas del hombre de una nación con el hombre de otra nación; o lo que es lo mismo, de una nación o colección de hombres, con otra colección o nación diferente.

Entre un *hombre* y un *Estado,* no hay más que esta diferencia en cuanto al derecho: que el uno es el *hombre aislado,* el otro el *hombre colectivo.*

Pero el derecho de una colección de hombres no es más ni menos que el de un hombre solo.

Esta es la faz última y suprema del derecno que no se ha revelado al hombre sino mediante siglos de un progreso o maduramiento que le ha permitido adquirir la conciencia de su unidad e identidad universal como especie inteligente y libre.

Lo que se llama *derecho de gentes,* es el derecho humano visto por su aspecto más general, más elevado, más interesante.

Lo que parece excepción tiende a ser la regla general y definitiva, como las *gentes,* que para el pueblo romano eran los *extranjeros,* es decir, la excepción, lo accesorio, lo de menos, tienden hoy a ser el todo, lo principal, el mundo.

Si es extranjero para una nación todo hombre que no es de esa nación, el extranjero viene a ser el género humano en su totalidad, menos el puñado de hombres que tiene la modestia de creerse la parte principal del género humano.

Sólo en la Roma, señora del mundo de su tiempo, ha podido no ser ridícula esa ilusión; pero ahora que hay tantas Romas como naciones, y que toda nación es Roma cuando menos en derecho y cultura, el extranjero significa el todo, el ciudadano es la excepción. El derecho humano es la regla común y general; el derecho nacional o civil, es la vanidad excepcional de esa regla.

El derecho internacional de la guerra, como el de la paz, no es, según ésto, el derecho de los beligerantes; sino el derecho común y general del mundo no beligerante, con respecto a ese desorden que se llama la guerra y a esos culpables, que se llaman *beligerantes:* como el derecho penal ordinario no es el derecho de los delincuentes, sino el derecho de la sociedad contra los delincuentes que la ofenden en la persona de uno de sus miembros.

Si la soberanía del género humano no tiene un brazo y un poder constituído para ejercer y aplicar su derecho a los Estados culpables que la ofenden en la persona de uno de sus miembros, no por eso deja ella de ser una voluntad viva y palpitante, como la soberanía del pueblo ha existido como un derecho humano antes de que ningún pueblo la hubiese proclamado, constituído y ejercido por leyes expresas.

En la esfera del pueblo-mundo, como ha sucedido en la de cada estado individual, la autoridad empezará a existir como opinión, como juicio, como fallo, antes de existir como coacción y poder material.

Ya empieza a existir hoy mismo en esta forma la autoridad del género humano respecto de cada nación; y las naciones empiezan a reconocerla, desde que apelan a ella cada vez que necesitan merecer un buen concepto, una buena opinión, es decir, la absolución de alguna falta contra el derecho, en sus duelos singulares, en que consisten sus guerras.

El poder de excomunión, el poder de reprobación, el poder de execración, que no es el más pequeño, ha de preceder, en la constitución del pueblo-mundo, al de aplicar castigos corporales. Y aunque jamás llegue a constituirse este último, la eficacia del juicio universal, que ha de ser cada día más grande, ha de bastar para disminuir por el desprecio y la abominación la repetición del crimen de hacerse justicia a sí mismo a cañonazos, que acabará por hacerse incompatible con la dignidad y responsabilidad de conducta en que reside el verdadero poder de todo pueblo, como de todo hombre.

Si el hombre vé el mundo a través de su patria; si vé su patria como el centro y cabeza del mundo, eso depende de su naturaleza finita y limitada.

También considera a todos los demás hombres de su país al través de su persona individual; y en cierto modo, Dios lo **ha** hecho centro del mundo que se desplega a su alrededor para mejor conservar su existencia.

El hombre cree que la Tierra es el más grande de los planetas del universo, porque es el que está más cerca de él, y su cercanía le ofusca y alucina sobre sus dimensiones y papel en el universo. Los astros del firmamento, que son todo, parecen a sus ojos chispas insignificantes. Ha necesitado de los ojos de Newton, para ver que la tierra es un punto. Por una causa semejante, con el *derecho universal* sucederá un poco lo que en la *gravitación universal*.

X

(LOS «ESTADOS UNIDOS DE LA HUMANIDAD»)

El *derecho de gentes* no es más que el *derecho civil del género humano*.

Se llama *internacional*, como podría llamarse *interpersonal*, según que el derecho, universal y único, como la gravitación, regla las relaciones de nación a nación o de persona a persona.

En derecho de gentes como en derecho civil, se llama *persona jurídica* el hombre cousiderado en su estado. Pues bien, el hombre considerado colectivamente, formando un grupo con cierto número de hombres, constituye una persona que se llama *nación*. Así, la nación, como persona pública, no es más que el *hombre considerado en cierto estado*.

De aqui se sigue que el derecho que sirve de ley natural para reglar las relaciones de hombre a hombre en el seno de la nación, es idéntico y el mismo que regla las relaciones de nación a nación.

Sin embargo de ésto, los que ninguna duda abrigan de que el derecho existe como ley viva y natural de existencia entre hombre y, hombre, dentro de un mismo Estado, consideran como una quimera la existencia de ese derecho como ley viva y natural de las relaciones de nación a nación, es decir, de grupo a grupo de hombres semejantes y hermanos por linaje y religión.

La preponderancia absoluta y limitada, en un momento dado de la historia del pueblo que ha escrito el derecho conocido, es decir, el *pueblo romano*, ha contribuído a mantener esa preocupación por el prestigio monumental de su derecho escrito.

Pero la aparición y creación en la faz de la tierra de una multitud de naciones iguales en fuerza, civilización y poder, ha bastado para destruir por sí misma la estrecha idea que el pueblo romano concibió del derecho natural como regla civil de las relaciones de nación a nación.

Sin embargo, aunque es admitida y reconocida la existencia de ese derecho, él no tiene la sanción coercitiva, que convierte en ley práctica y obligatoria dentro de cada Estado, el derecho natural del individuo y del ciudadano.

Qué le falta al derecho, en su papel de regla internacional, para tener la sanción y fuerza obligatoria que tiene el derecho en su forma y manifestación de ley nacional o internacional? Que exista un gobierno que lo escriba como ley, lo aplique como juez, y lo ejecute como soberano; y que ese gobierno sea universal, como el derecho mismo.

Para que exista un gobierno internacional o común de todos los pueblos que forman la humanidad, ¿qué se necesita? Que la masa de las naciones que pueblan la tierra formen una misma y sola sociedad, y se constituya bajo una especie de federación como los *Estados Unidos de la humanidad*.

Esa sociedad está en formación, y toda la labor en que consiste el desarrollo histórico de los progresos humanos, no es otra cosa que la historia de ese trabajo gradual, de que está encargada la naturaleza perfectible del hombre. Los gobiernos, los sabios, los acontecimientos de la historia, son instrumentos providenciales de la construcción secular de ese grande edificio del pueblo-mundo, que acabará por constituirse sobre las mismas bases, según las mismas leyes fundamentales de la naturaleza moral del hombre, en que reposa la constitución de cada Estado separadamente.

XI

(INJUSTICIA IMPLICADA EN EL DERECHO DE GENTES)

El *derecho de gentes* visto como derecho interno y privado de la humanidad, se presta como el derecho interno de cada nación, a la gran división en *derecho penal* y *derecho civil*, según que tiene por objeto reglar las consecuencias jurídicas de un acto culpable, o de un acto lícito del hombre.

En lo internacional, el primero se llama derecho *de la guerra*, el otro es el *derecho de la paz*.

Así, el *derecho internacional de la guerra*, no es más que el *derecho penal y criminal de la humanidad*. Pero por la constitución que hoy tiene, más bien que un derecho a la pena, es un derecho al crimen, pues de diez casos, nueve veces la guerra es un crimen judiciario, en lugar de ser una pena judiciaria.

A menudo la guerra es un crimen judiciario, que, como el duelo y la riña privada, tiene siempre dos culpables: el beligerante que ataca y el beligerante que se defiende.

Nada más fácil que demostrar esta verdad, con los principios más admitidos del derecho penal.

El juez, que a sabiendas juzga, condena y castiga a su enemigo personal, deja de ser juez, y no es más que un delincuente. El juez que a sabiendas, sirve por su fallo, su propio interés personal, su propio odio, su propia y personal venganza, en el fallo que fulmina contra su enemigo privado, no es un juez, es un criminal. Su decisión no es una sentencia, es un crimen; su castigo no es una pena, es un atentado; la muerte que ordena, no es una pena de muerte, es un asesinato judicial; él es un asesino, no un ministro de la vindicta pública. Su justicia, en una palabra, no es más que iniquidad y el verdadero enemigo de la sociedad es el encargado de defenderla.

Si el derecho penal de un pueblo, no tiene ni puede tener otros fundamentos jurídicos que el derecho penal 'del hombre; si la justicia es la medida del derecho, y no hay dos justicias en la tierra, ¿cómo puede ser *derecho* en una *nación* lo que es *crimen* en un hombre?

Pues bien: esta hipótesis monstruosa es el tipo de la organización que hoy tiene el llamado derecho penal de las naciones, o por otro nombre el *derecho internacional de la guerra*.

Lo que son condiciones del crimen jurídico en el *derecho interno* de cada país, son elementos esenciales en el *derecho externo* o internacional de los Estados.

Es decir, que en el juicio o procedimiento penal de las naciones, son requisitos esenciales del singular derecho que el justiciable sea enemigo personal del juez, que el juez se defienda y juzgue su propio pleito personal, y que el objeto de la cuestión sean un interés particular y personal del juez y del reo.

En virtud de esta anomalía el hombre actual se presenta bajo dos faces: en lo interior de su patria es un ente civilizado y culto; fuera de sus fronteras, es un salvaje del desierto.

La justicia para él expira en la frontera de su país.

Lo que es justo al Norte de los Pirineos es injusto al Mediodía de esas montañas, según el dicho de Pascal.

Lo que es legítimo entre un francés y un español, es crimen entre un francés y un francés.

Lo que hoy se llama civilización no es más

que una semi-civilización o semi-barbarie; y el pueblo más culto es un pueblo semi-salvaje en su manera de ser errante, insumiso, sin ley ni gobierno.

Es el punto vulnerable y frágil de la civilización actual. Sus representantes más adelantados no son más que pueblos semi-civilizados, en su manera internacional de existir que tiene por condición la guerra como su justicia ordinaria.

XII

NATURALEZA VICIOSA DEL DERECHO DE LA GUERRA

El mal de la guerra no consiste en el empleo de la violencia, sino en que sea la parte interesada la que se encargue del uso de la violencia.

Ya se sabe que no hay justicia que tenga que usar de la violencia para hacerse respetar y cumplir; pero la violencia que hace un juez, deja de ser un mal porque el juez no tiene o no debe tener interés directo y personal en ejercerla sin necesidad, ni exagerarla, ni torcerla en su aplicación jurídica.

Si todos los actos de que consta la guerra, por duros que se supongan, fuesen ejercidos contra el Estado culpable del crimen de la guerra o de otro crimen, por un tribunal internacional compuesto de jueces desinteresados en el proceso, la guerra dejaria de ser un mal, y sus durezas, al contrario, serían un medio de salud, como lo son para el Estado las penas aplicadas a los crímenes comunes.

Bien podréis mejorar, suavizar, civilizar la guerra cuando queráis; mientras le dejéis su carácter actual, que consiste en la violencia puesta en manos de la parte ofendida, para que se haga juez criminal de su adversario, la guerra será la iniquidad y casi siempre el crimen contra el crimen.

No hay más que un medio de transformar la guerra en el sentido de su legalidad: es arrancar el ejercicio de sus violencias de entre las manos de sus beligerantes y entregarlo a la humanidad convertida en Corte soberana de justicia internacional y representada para ello por los Estados más civilizados de la tierra.

Consiste en sustituir la violencia necesariamente injusta y culpable de la parte interesada, por la violencia presumida justa en razón del desinterés del juez; es colocar en lugar de la justicia injusta que se hace por sí mismo, la justicia justa, que sólo puede ser hecha por un tercero; la justicia temible del odio y del interés armado, por la justicia del juez que juzga sin odio y sin interés.

XIII

(COMO DUELO JUDICIAL ENTRE LAS NACIONES, LA GUERRA DEBE SER ABOLIDA)

El que mata a un hombre armado y en estado de defenderse, no asesina. El asesinato implica la alevosía, la seguridad o irresponsabilidad del matador. Mata o muere en pelea.

Pero la pelea, es decir, el homicidio mutuo, ¿no es por lo mismo un crimen y un crimen doble por decirlo así?

Abolido el duelo judicial entre los individuos, y calificado como un crimen, porque lo es en efecto, ¿puede ser conservado como derecho entre los Estados?

La guerra, en todo caso, como duelo judicial de dos Estados, es tan digna de abolición, como lo ha sido entre los individuos por las leyes esenciales del hombre en su manera de razonar y juzgar.

XIV

(LOS GOBIERNOS Y LAS GUERRAS)

Si la guerra moderna es hecha *contra el gobierno* del pais y no *contra el pueblo* de ese país, ¿por qué no admitir también que la guerra es hecha *por el gobierno* y no *por el pueblo* del país en cuyo nombre se lleva la guerra a otro pais?

La verdad es que la guerra moderna tiene lugar entre un Estado y un Estado, no entre los individuos de ambos Estados. Pero, como los Estados no obran en la guerra ni en la paz sino por el órgano de sus gobiernos, se puede decir que la guerrra tiene lugar entre gobierno y gobierno, entre poder y poder, entre soberano y soberano: es la lucha armada de dos gobiernos obrando cada uno en nombre de su Estado respectivo.

Pero, si los gobiernos hallan cómodo hacerse representar en la pelea por los ejércitos, justo es que admitan el derecho de los Estados de hacerse representar en los hechos de la guerra por sus gobiernos respectivos.

Colocar la guerra en este terreno, es reducir el círculo y alcance de sus efectos desastrosos.

Los pueblos democráticos, es decir, soberanos y dueños de sí mismos, deberian hacer lo que hacían los reyes soberanos del pasado: los reyes hacían pelear a sus pueblos, quedando en la paz de sus palacios. Los pueblos— reyes o soberanos,—deberían hacer pelear a sus gobiernos delegados, sin salir ellos de su actitud de amigos.

Es lo que hacían los *galos* primitivos, cuyo ejemplo de libertad, citado por Grocio, vale la pena de señalarse a la civilización de este siglo democrático.

«Si por azar sobreviene alguna diferencia entre sus reyes, todos ellos (los antiguos francos) se ponen en campaña, es verdad, en actitud de combatir y resolver la querella por las armas. Pero desde que los ejércitos se encuentran en presencia uno del otro, vuelven a la concordia, deponiendo sus armas; y persuaden a sus reyes de resolver la diferencia por las vías de la justicia; o, si no lo quieren, de combatir ellos mismos entre sí en combate singular y de terminar el negocio a sus propios riesgos y peligros, no juzgando que sea equitativo y bien hecho, o que convenga a las instituciones de la patria, el conmover o trastornar la prosperidad pública a causa de sus resentimientos particulares». (1).

_____

(1) Grocio, libro II, cap. XXIII.

XV

(TODAS LAS GUERRAS PRETENDEN SER DEFENSIVAS)

El *derecho de defensa* es muy legítimo sin duda; pero tiene el inconveniente de confundirse con el derecho de ofensa, siendo imposible que el interés propio no crea de buena fe que se *defiende* cuando en realidad *ofende*.

Distinguir la *ofensa* de la *defensa*, es, en resumen, todo el papel de la justicia humana.

Para ser capaz de percibir esa diferencia, se necesita no ser ni *ofensor* ni *defensor;* es preciso ser neutral, y sólo el neutral puede ser juez capaz de discernir sin cegarse, quién es el *ofensor* y quién el *defensor*.

Si dejáis a la parte el derecho de calificar su actitud como actitud defensiva, no tendréis sino defensores en los conflictos internacionales. Jamás tendréis un ofensor, porque nadie se confiesa tal. Si dáis al uno el derecho de calificarse a sí mismo como defensor, ¿por qué no daréis ese mismo derecho al otro?—Todos tendrán justicia, si todos son jueces de su causa.

Esto es lo que sucede actualmente.

Así, porque todas las guerras son *legales*, es decir, hechas por el *legislador*, se ha concluido que todas las guerras son *justas*, lo que es muy diferente. Porque todos los indignados tengan derecho de litigar, no es decir que todos tengan justicia en sus litigios.

XVI

(LA GUERRA Y LA JUSTICIA ENTRE LAS NACIONES)

La guerra, en cierto modo, es un sistema ò expediente de procedimiento o enjuiciamiento, en el que cada parte litigante tiene necesidad de ser su juez propio y juez de su adversario, a falta de un juez ajeno de interés en el debate.

Todos los principios y leyes de la civilización sobre la guerra, tienen por objeto mantener al beligerante dentro de los limites del juez, es decir, en el empleo de la violencia, ni más ni menos que como la emplea el juez desinteresado en el conflicto.

El problema de la civilización es difícil, en cuanto se opone a la naturaleza y manera de ser natural del hombre; pero es de menor dificultad para el Estado, por ser una persona moral, quedar ajeno de la pasión en la gestión de su violencia inevitable y legítima, que lo es a un hombre individual, que se defiende a sí mismo y se juzga a sí mismo, cuando el odio y el interés lo divide de su semejante.

No es el uso de la violencia lo que constituye el mal de la guerra; el mal reside en que la violencia es usada con injusticia porque es administrada por el interés A empeñado en destruir el interés B.

Sacad la violencia de entre las manos de la parte interesada en usarla en su favor exclu-

sivo y colocadla en manos de la sociedad de
las naciones, y la guerra asume entonces su
carácter de mero derecho penal.—Por mejor
decir, la guerra deja de ser guerra, y se convierte en la acción coercitiva de la sociedad
de las naciones, ejercida por los poderes de-
legatarios de ella para ese fin de orden universal contra el Estado que se hace culpable
de la violación de ese orden.

Cap. III.-- Creadores del derecho de gentes

I

LO QUE ES EL DERECHO DE GENTES

El derecho internacional no es más que el derecho civil del género humano, y esta verdad es confirmada cada vez que se dice que toda guerra entre pueblos civilizados y cristianos, tiende a ser guerra civil.

El derecho es uno y universal, como la gravitación; no hay más que un derecho, como no hay más que una atracción.

De sus varias aplicaciones recibe diversos nombres, y la apariencia de diversas clases de derecho. Se llama de *gentes* cuando regla las relaciones de las naciones, como se llama *comercial* cuando regla las relaciones de los comerciantes, o penal cuando regla los castigos correctivos de los crímenes y delitos.

Por eso es que los objetos del derecho internacional son los mismos que los del derecho civil: *personas*, es decir, *Estados*, considerados en su condición soberana; *cosas*, es decir, territorios, mares, ríos, montañas, etc., considerados en sí mismos y en sus relaciones con los Estados que los adquieren, poseen y transfieren, es decir, tratados, convenios, cesiones, herencias, etc. *Anexiones*, es decir, *diplomacia* y *guerra*, según que la acción es *civil* o *penal*.

La *guerra*, es el derecho penal y criminal de las naciones entre sí.

Considerados bajo este aspecto, los principios que rigen sus prácticas son los mismos que sustentan el derecho penal de cada Estado.

Bastará colocar en este terreno el derecho de gentes y sobre todo el *crimen de la guerra*, para colocar la criminalidad internacional o la guerra en el camino de transformación filantrópica y cristiana que la civilización 'ha traído en la legislación penal común de cada Estado.

Aplicad al crimen de la guerra los principios del derecho común penal sobre la *responsabilidad*, sobre la *complicidad*, la *intención*, etc., y su castigo se hará tan seguro y eficaz como su repetición se hará menos frecuente.

Ante criminales coronados, investidos del poder de *fabricar justicia*, no es fácil convencerles de su crimen, ni mucho menos castigarlos. Aquí es donde surge la peculiaridad del derecho penal internacional: que es la falta de una autoridad universal que lo promulgue y sancione.

Encargados de hacer que lo que es justo sea fuerte, ellos han hecho que lo que es fuerte sea justo.

Pero las condiciones de la fuerza se modifican y alteran cada día, bajo los progresos que hace el género humano en su manera de ser.

La fuerza se difunde y generaliza, con la difusión de la riqueza, de las luces, de la educación, del bienestar. Propagar la luz y la riqueza, es divulgar la fuerza, es desarmar a los soberanos del poder monopolista de hacer justicia con lo que es fuerza.

Desarmados de la fuerza los soberanos, no harán que lo que es fuerte sea justo; y cuando se hagan culpables del crimen de la guerra, la justicia del mundo los juzgará como al común de los criminales.

No importa que no haya un tribunal internacional que les aplique un castigo por su crimen, con tal que haya una opinión universal que pronuncie la sentencia de su crimen.

La sentencia en sí misma es el más alto y tremendo castigo. El asesino no es abominado por el castigo que ha sufrido, sino por la calificación de asesino que ha merecido y recibido.

II

(CONDICIONES DE LA VIDA INTERNACIONAL)

No es Grocio, en cierto modo, el creador del derecho de gentes moderno; lo es el comercio. Grocio mismo es la obra del comercio, pues la Holanda, su país, ha contribuído, por su vocación comercial y marítima, a formar la vida internacional de los pueblos modernos como ningún otro país civilizado. El comercio, que es el gran pacificador del mundo después del cristianismo, es la industria internacional y universal por excelencia, pues no es otra cosa que el intercambio de los productos peculiares de los pueblos, que permite a cada uno ganar en ello su vida y vivir vida más confortable, más civilizada, más feliz.

Si queréis que el reino de la paz acelere su venida, dad toda la plenitud de sus poderes y libertades al pacificador universal.

Cada tarifa, cada prohibición aduanera, cada requisito inquisitorial de la frontera, es una atadura puesta a los pies del pacificador; es un cimiento puesto a la guerra.

Las tarifas y las aduanas, impuestos que gravitan sobre la paz del mundo, son como otros tantos *Pirineos* que hacen de cada nación una España, como otras tantas murallas de la *China* que hacen de cada Estado un *Celeste Imperio*, en aislamiento.

Todo lo que entorpece y paraliza la acción humanitaria y pacificadora del comercio, aleja el reino de la paz y mantiene a los pueblos en ese aislamiento del hombre primitivo que se llama *estado de naturaleza.* ¡Qué importa que las naciones lleguen a su más alto grado de civilización interior, si en su vida externa y general, que es la más importante, siguen viviendo en la condición de los salvajes mansos o medio civilizados!

A medida que el comercio unifica el mundo, las aduanas nacionales van quedando de la condición que eran las aduanas interiores o domésticas. Y como la unidad de cada nación culta se ha formado por la supresión de las aduanas provinciales, así la unidad del pueblo-mundo ha de venir tras la supresión de esas barreras fiscales, que despedazan la integridad del género humano en otros tantos campos rivales y enemigos.

Si la guerra no existe sino porque falta un juez internacional, y si este juez falta sólo porque no existe unidad y cohesión entre los Estados que forman la cristiandad, la perpetuidad de la guerra será la consecuencia inevitable y lógica de todas las trabas que impiden al comercio apoyado en el cristianismo, que hermana a las Naciones, hacer del mundo un solo país, por el vinculo de los intereses materiales más esenciales a la vida civilizada.

No son los autores del derecho internacional los que han de desenvolver el derecho internacional.

Para desenvolver el derecho internacional como ciencia, para darle el imperio del mundo como ley, lo que importa es crear la materia internacional, la cosa internacional, la vida internacional, es decir, la unión de las Naciones en un vasto cuerpo social de tantas cabezas como Estados, gobernado por un pensamiento, por una opinión, por un juez universal y común.

El derecho vendrá por sí mismo como ley de vida de ese cuerpo.

Lo demás, es querer establecer el equilibrio en un liquido, antes que el líquido exista. Vaciar el líquido en un tonel y equilibrarlo o nivelarlo, es todo uno.

III

(LA INTERNACIONALIZACION POR EL PROGRESO)

Si Grocio no hubiese sido holandés, es decir, hijo del primer país comercial de su tiempo, no hubiera producido su libro del derecho de la guerra y de la paz, pues aunque lo compuso en Francia, lo produjo con gérmenes y elementos holandeses. Alberico Gentile, su predecesor, debió también a su origen italiano y a su domicilio en Inglaterra, sus inspiraciones sobre el derecho internacional, a causa del rol comercial de la Italia de su tiempo y de la Inglaterra de todas las edades, isleña y marítima por su geografía, como la Holanda. Por eso es que Inglaterra y Estados Unidos han producido los primeros libros contemporáneos de derecho internacional, porque esos pueblos, por su condición comercial, son como los correos y mensajeros de todas las naciones.

Prueba de ello es que Grocio, con su bagaje de máximas romanas y griegas, ha quedado atrás de los adelantos que el comercio creciente ha hecho hacer al mundo moderno a favor del vapor, del telégrafo eléctrico, de los descubrimientos geográficos, científicos e industriales, y sobre todo de los sentimientos cristianos que tienden a hermanar y emparentar más y más a las naciones entre sí.

Se habla mucho y con abatimiento de los adelantos y conquistas del arte militar en el sentido de la destrucción; pero se olvida, que la paz hace conquistas y descubrimientos más poderosos en el sentido de asegurar y extender su imperio entre las naciones. Cada ferro-carril internacional vale dos tratados de comercio, porque el ferro-carril es el *hecho*, de que el tratado es la *expresión*. Cada empréstito extranjero, equivale a un tratado de neutralidad.

No hay congreso europeo que equivalga a una grande exposición universal, y la telegrafía eléctrica cambia la faz de la diplomacia, reuniendo a los soberanos del mundo en congreso permanente sin sacarlos de sus palacios, reunidos en un punto por la supresión del espacio. Cada restricción comercial que sucumbe, cada tarifa que desaparece, cada libertad que se levanta, cada frontera que se allana, son otras tantas conquistas que hace el derecho de gentes en el sentido de la paz, más eficazmente que por los mejores libros y doctrinas.

De todos los instrumentos de poder y mando de que se arma la paz, ninguno más poderoso que la libertad. Siendo la libertad la intervención del pueblo en la gestión de sus cosas, ella basta para que el pueblo no decrete jamás su propio exterminio.

IV

(FUNDAMENTOS SOCIALES DE LA IDEA DEL DERECHO DE GENTES)

Cada escritor de derecho de gentes es a su pesar la expresión del país a que pertenece;

y cada país tiene las ideas de šu edad, de su condición, de su estado de civilización.

El derecho de gentes moderno, es decir, la creencia y la idea de que la guerra carece de fundamento jurídico, ha surgido, naturalmente, de la cabeza de un hombre perteneciente a un país clásico del derecho y del deber, términos correlativos de un hecho de dos fases, pues el deber no es más que el derecho reconocido y respetado, y viceversa. La libre *Holanda* inspiró el derecho de gentes moderno, como habia creado el gobierno libre y moderno. Pais comercial a la vez que libre, miró en el extranjero no un enemigo sino un colaborador de su grandeza propia, y al revés de los romanos, no tuvo para con las naciones extranjeras otro derecho aparte y diferente del que se aplicaba a sí mismo en su gobierno interior.

Ver en las otras naciones otras tantas ramas de la misma família humana, era encontrar de un golpe el derecho internacional verdadero. Esto es lo que hizo Grocio inspirado en el cristianismo y la libertad.

La Suiza, la Inglaterra, la Alemania, los Estados Unidos, han producido después por la misma razón los autores y los libros más humanos del derecho de gentes moderno; pero los paises meridionales, que por su situación geográfica han vivido bajo las tradiciones del derecho romano, han producido grandes guerreros en lugar de grandes libros de derecho internacional, y sus gobiernos militares han tratado al extranjero más o menos con el mismo derecho que a sus propios pueblos,—es decir, con el derecho de la fuerza.

¿Cómo se explica que ni la Francia, ni la Italia han producido un autor célebre de derecho de gentes, habiendo producido tantos autores y tantos libros notables de derecho civil o privado?

Es que el derecho de gentes, no es más que el derecho público exterior, y en el mundo latino por excelencia, es decir, gobernado por las tradiciones imperiales y los papas, ha sido siempre más lícito estudiar la familia, la propiedad, la sociedad, que no el gobierno, la política y las cosas del Estado.—Grocio, en su tiempo, no podía tener otro origen que la Holanda. Si el gobierno francés de entonces protegió sus trabajos, fué porque coincidían con sus intereses y miras exteriores del momento; pero la inspiración de sus doctrinas tenía por cuna la libertad de su país originario. Luis XIV protegía, en Grocio, al desterrado por su enemiga la Holanda; y por un engaño feliz, en odio al gobierno libre protegía la libertad en persona.

Las verdades de Grocio, como las de Adam Smith, se han quedado ahogadas por interés egoísta y dominante de los gobiernos, que han seguido dilapidando la sangre y la fortuna de las naciones que esos dos genios tutelares de la humanidad enseñaron a economizar y guardar.

Grocio y Smith han enseñado, mejor que Vauban y Federico, el arte de robustecer el poder militar de las naciones: consiste simplemente en darles la paz a cuya sombra crecerán la riqueza, la población, la civilización, que son la fuerza y el vigor por excelencia.

Que el poder resulta del número en lo militar como en todo, lo prueba el hecho simple que un Estado de treinta millones de habitantes es más fuerte que otro de quince millones, en igualdad de condiciones. Luego la guerra, erigida en constitución política, es lo más propio que se puede imaginar para producir la debilidad de un estado, por estos dos medios infalibles :—evitando los nacimientos y multiplicando las muertes. No dejar nacer y hacer morir a los habitantes, es despoblar el pais, o retardar su población, y como un país no es fuerte por la tierra y las piedras de que se compone su suelo, sino por sus hombres, el medio natural de aumentar su poder, no es aumentar su suelo, sino aumentar el número de sus habitantes y la capacidad moral, material e intelectual de sus habitantes. Pero este es el arte militar de Adam Smith y de Grocio, no el de Vauban ni de Condé.

El poder militar de una nación reside todo entero en sus finanzas, pues como lo han dicho los mejores militares, el nervio de la guerra es el dinero, varilla mágica que levanta los ejércitos y las escuadras en el espacio de tiempo en que las hadas de la fábula construyen sus palacios. Pero las finanzas o la riqueza del gobierno es planta parásita de la riqueza nacional; la nación se hace rica y fuerte trabajando, no peleando, ahorrando su sangre y su oro por la paz que fecunda, no por la guerra que desangra, que despuebla, empobrece y esteriliza, hasta que trae, como su resultado, la conquista. La guerra, como el juego, acaba siempre por la ruína.

En cuanto al suelo mismo, el secreto de su ensanche es el vigor de la salud, y el bienestar interior, como en el hombre es la razón de su corpulencia.

*

Cap. IV.-- Responsabilidades

I

COMPLICIDAD Y RESPONSABILIDAD DEL CRIMEN DE LA GUERRA

La guerra ha sido hecha casi siempre por procuración. Sus verdaderos y únicos autores, que han sido los jefes de las Naciones, se han hecho representar en la tarea poco agradable de pelear y morir (1); cuando han asistido a las batallas lo han hecho con todas las precauciones posibles para no exponerse a morir Más bien han asistido para hacer pelear, que

---

(1) La prueba de esto es que nadie vá a la guerra por gusto·
El sold do vá por fuerza ¿Qué es la conscripción, sinó? Y donde la conscripción del Estado falta, existe la conscripción de la necesidad, la pobreza que "fuerza al voluntario".
El día que la contribución de sangre se vote por el pueblo pobre, que la paga, su presupuesto de efusión, es decir, la guerra, será más
rara. Pero votar su contribución es ser libre. A medida que los pueblos
se pertenezcan a sí mismos, es decir, se gobiernen por sí sean libres, irán
menos a la guerra. Ejemplos: Inglaterra, Estados Unidos, Belgica, etc).

para pelear. Todos saben cuál es el lugar
del generalísimo en las batallas. Por eso es
tan raro que muera uno de ellos. Las guerras
serian menos frecuentes si los que las hacen
tuvieran que exponer su vida a sus resultas sangrientas. La irresponsabilidad directa y fisica es
lo que las multiplica.

Pues bien: un medio simple del prevenir
cuando menos su frecuencia, seria el de distri-
buir la responsabilidad moral de su perpetración entre los que las decretan y los que la
ejecutan. Si la guerra es un crimen, el primer
culpable de ese crimen es el soberano que la
emprende. Y de todos los actores de que la guerra
se compone, debe ser culpable, en recta administración de justicia internacional, el que la
manda hacer. Si esos actos son el homicidio,
el incendio, el saqueo, el despojo, los jefes de
las Naciones en guerra deben ser declarados,
cuando la guerra es reconocida como injusta,
como verdaderos asesinos, incendiarios, ladrones, expoliadores, etc.; y si sus ejércitos los
ponen al abrigo de todo castigo popular, nada
debe abrigarlos contra el castigo de opinión
infligido por la voz de la conciencia pública
indignada y por los fallos de la historia, fun-
dados en la moral única y sola, que regla todos
los actos de la vida sin admitir dos especies
de moral, una para los reyes, otra para los
hombres; una que condena al asesino de un
hombre y otra que absuelve el asesinato cuando la víctima, en vez de ser un hombre, es
un millón de hombres.

La sanción del crimen de la guerra deja
de existir para sus verdaderos autores por cau-

sa de esta distinción falaz que todo lo pierde en materia de justicia.

La guerra se purificaría de mil prácticas que son el baldón de la humanidad, si el que la manda hacer fuese sujeto a los principios comunes de la complicidad, y hecho responsable de cada infamia, en el mismo grado que su perpetrador inmediato y subalterno. (1).

II

(LOS GOBERNANTES SON LOS RESPONSABLES DE LAS GUERRAS)

Considerada la guerra como un crimen, ningún soberano se ha confesado su autor; cuando se ha considerado como gloria y honor, todos se la han apropiado. La justicia les ha arrancado esta confesión de que debe tomar nota la conciencia justiciera de la humanidad.

Una vez glorificado el crimen de la guerra, los señores de las naciones han hecho de su perpetración el tejido de su vida.

De ahí resulta que la historia, constituida en biografía de los reyes, no ha sido otra cosa que la historia de la guerra. Y como si la pluma no bastase a la historia, la pintura ha sido llamada en su auxilio, y hemos tenido un nuevo documento justificativo del crimen que tiene por autores responsables a los jefes de las naciones.

La pintura histórica no nos ha representado

---

(1) Ved "Grocio", lib. III, cap. X. "De la Paz y de la guerra"

otra cosa que batallas, sangre, muertos, si-
tios, asaltos, incendios, como la obra gloriosa
y digna de memoria de los reyes, sus autores y ejecutores inmediatos.

Qué ha sido un museo de pintura histórica?
Un hospital de sangre, una carnicería, en que
no se ven sino cadáveres, agonizantes, heridos,
ruínas y estragos de todo género. Tales imá-
genes han sido convertidas en objeto de recreo
por la clemencia de los reyes.

Imaginad que, en vez de ser pintados, esos
horrores fuesen reales y verdaderos, y que el
paseante que los recorre en las galerias de un
palacio, oyese las lamentaciones y los gemidos
de los moribundos, sintiese el olor de la sangre
y de los cadáveres, viese el suelo cubierto de
manos, de piernas, de cráneos separados de
sus cuerpos, ¿se daria por encantado de una
revista de tal espectáculo? ¿Se sentiría pe-
netrado de admiración, por los autores principales de esas atrocidades? ¿No se creería más
bien en los salones infectos y lúgubres de un
hospital, que en las galerias de un palacio?
¿No se sentiría poseído de una horrible curiosidad por ver la cara del monstruo que había autorizado, o decretado, o consentido en tales horrores?

Sólo la costumbre y la consagración hecha
de ese crimen por los depositarios supremos
de la autoridad de las naciones, es decir, por
sus autores mismos, han podido pervertir nuestro sentido moral, hasta hacernos ver esos cua-
dros no sólo sin horror, sino con una especie
de placer y admiración.

III

(LOS RESPONSABLES Y LA SANCION MORAL DE LA SOCIEDAD)

Probablemente no llegará jamás el día en que la guerra desaparezca del todo de entre los hombres. No se conoce el grado de civilización, el estado religioso, el orden social, su condición, la raza por perfeccionada que esté, en que los conflictos sangrientos de hombre a hombre no presenten ejemplos. ¿Por qué no será lo mismo con los conflictos de nación a nación?

. Pero indudablemente las guerras serán más raras a medida que la responsabilidad de sus efectos se hagan sentir en todos los que las promueven y suscitan. Mientras haya unos que las hacen y otros que las hacen hacer; mientras se mate y se muera por procuración, no se vé porqué motivo pueden llegar a ser menos frecuentes las guerras; pues aunque las causas de codicia, de ignorancia y de atraso que antes las motivaban, se hayan modificado o disminuído, quedan y quedarán siempre subsistentes las pasiones, la susceptibilidad, las vanidades que son siempre compatibles con todos los grados de civilización. Así es que toda la sanción penal que hace cuerdo al loco mismo, el castigo de la falta, no podrá ser capaz de contener a los que encienden con tanta facilidad las guerras sólo porque están seguros de la impunidad de los asesinatos, de los robos, de los incendios, de los estragos de todo género de que la guerra se compone.

Yo sé que no es fácil castigar a un asesino que dispone de un ejército de quinientos mil cómplices armados y victoriosos; pero si el castigo material no puede alcanzarlo por encima de sus bayonetas, para el castigo moral de la opinión pública no hay baluartes ni fortalezas que protejan al culpable; y los fallos de la opinión van allí donde van los juicios de la doctrina y de la ciencia que estudia lo justo y lo injusto en la conducta de las naciones y de sus gobiernos, como la luz cruza el espacio y el flúido magnético los cuerpos sólidos.

Flúido imponderable de un género aparte, para el cual no hay barrera ni obstáculo que no le sea tan accesible como a la electricidad y el calor, la opinión pública hiere al criminal en sus alturas mismas y las leyes de la naturaleza moral del hombre hacen el resto para el complemento de su ruína con el cadáver dejado en pie.

Nerón, *Cómodo*, *Domiciano* son asesinos declarados tales por el fallo del género humano, y condenados a la suerte de los asesinos aleves. Si ellos se levantaran de sus sepulcros y se presentasen ante las generaciones de esta época, serian despedazados como fieras por la venganza popular.

Pues bien, este agente imponderable,—la *opinión*—que antes necesitaba de siglos para concentrarse y producir su justiciera explosión, hoy se encuentra en el momento y en el punto en que la justicia hollada lo hace necesario, al

favor de ese mecanismo de mil resortes producido por el genio de la civilización moderna
y compuesto de esos conductores maravillosos,
que se llaman la prensa, el ferrocarril, el
buque a vapor, el telégrafo eléctrico, los bancos o el crédito, el comercio, la tolerancia,
la libertad, la ciencia. Formado el rayo, falta
saber sobre qué cabeza debe caer.

IV

(RESPONSABILIDAD CIVIL Y PENAL)

«Decimos, pues, en primer lugar (habla Grocio, lib. III, cap. X, *De la Guerra y la Paz*),
que si la causa de la guerra es injusta, en el
caso mismo en que fuese emprendida de una
manera solemne (legal), todos los actos que
nacen de ella son injustos, de una injusticia
íntima; de suerte que aquellos que a sabiendas
cometen tales actos, o cooperan a ellos, deben
ser considerados como perteneciendo al número
de los que no pueden llegar al reino celestial
sin penitencia. Ahora bien, la verdadera penitencia, exige absolutamente que aquel que ha
causado perjuicio, sea matando, sea deterioran-
do los bienes, sea ejerciendo actos de pillaje,
repare este mismo perjuicio».

.... «Ahora bien, están obligados a la res-
titución, según las reglas que hemos explicado
de una manera general en otra parte, aquellos
que han sido los autores de la guerra, sea por
derecho de autoridad, sea por su consejo; se
trata, bien entendido, de todas las cosas que

siguen ordinariamente a la guerra; y aun˙de las consecuencias extraordinarias, si ellos han ordenado o aconsejado alguna cosa semejante, o si pudiendo impedirla, ellos no la han impedido. Es así que los generales son responsables de las cosas que se han hecho bajo su mando; y que los soldados que han concurrido a algún acto común, por ejemplo, el incendio de una ciudad, son responsables solidariamente».

Si este principio es aplicable a la responsabilidad civil de los males de la guerra, con doble razón lo es a la responsabilidad penal (cuando es posible hacerla efectiva) de la guerra, considerada como crimen.

Vattel protesta contra esta doctrina de Grocio; pero es Grocio el juez de apelación de Vattel, no vice-versa. Es una fortuna para nuestra tesis la autoridad de Grocio en su servicio.

V

LA RESPONSABILIDAD DE LOS GOBERNANTES DISMINUYE LAS GUERRAS

Todo lo que distingue al soberano moderno del soberano de otra edad, es la *responsabilidad*. En esta parte el soberano se acerca de más en más a la condición de un Presidente de República, por la simple razón de que él soberano moderno es un *soberano democrático*, cuya soberanía no es suya propia, sino de la nación, que delega su ejercicio en una família, sin abdicarlo. Esta familia, que es la familia o dinastía reinante, no es más que depositaria de un poder ajeno. Como tal depositaria, debe al depositante una cuenta contínua de la gestión de su poder. Esta responsabilidad es toda la esencia del gobierno representativo, es decir, del verdadero gobierno libre y moderno. Si suprimís esta responsabilidad, convertís al depositario en propietario del poder soberano, es decir, en el rey absoluto de los siglos de barbarie y de violencia.

El sistema, que quita la responsabilidad al soberano y la dá a sus ministros, hace del soberano una ficción de tal, un simulacro de soberano, un mito, un símbolo de soberano, que *reina* pero no *gobierna;* es decir, un soberano inútil, pues ya basta para ese papel la nación misma, que también reina sin gobernar.

Este sistema es la transacción del pasado con el presente en materia de gobierno. El gobierno moderno salido entero de la soberanía popular, tiende a suprimir ese simulacro inútil de comitente, que sólo sirve para eludir u oscurecer la responsabilidad, es decir, la obligación de todo mandatario de dar cuenta de la gestión de su mandato al comitente, que es uno, en materia de gobierno: la nación. Donde hay dos comitentes que reinan sin gobernar, el uno mediato, el otro inmediato, la responsabilidad se vuelve incierta, porque deja de ser cierto el *comitente*.

«*Responsabilidad*, palabra capital (dice Renán), y que encierra el secreto de casi todas las reformas morales de nuestro tiempo».— A este dominio pertenecen, en primera línea, las reformas políticas. Si en las cosas de la familia y de la sociedad civil la responsabilidad es base capital, qué será en los asuntos de las naciones y de los imperios!

Con sólo dar toda la responsabilidad de la guerra a los autores de la guerra, la repetición de este crimen de lesa humanidad se hará de más en más fenomenal. Pero la guerra es un acto de gobierno reputado como acto o prerrogativa del gobierno por todas las constituciones. Se declaran por el gobierno, se hacen por el gobierno, se concluyen por el gobierno. Luego la cabeza del gobierno responde de ella en primera linea. No porque su poder, es decir, la fuerza lo exima del castigo, lo excusa de la responsabilidad del crimen.—La impunidad no es la absolución. El proceso no hace el crimen, y el verdadero castigo del criminal no consiste en sufrir la pena, sino en merecerla; no es la pena material lo que constituye la sanción, sino la sentencia. Es la sentencia, la que destruye al culpable, no la efusión de su sangre por un medio u otro. Pero la sentencia, para ser eficaz, debe fundarse en la ley. Que la ley universal, que la ley de todo el mundo, es decir, que la razón libre de las naciones, empiece a señalar como el autor del crimen de la guerra al que es cabeza del gobierno que lo ejecuta.

Es a la ciencia del gobierno exterior, es decir, del *derecho de yentes* penal a quien toca investigar los principios y los medios de la legislación más capaces de poner a la família de las naciones al abrigo del crimen de la guerra, que destruye su bienestar y retarda sus progresos.

Pero, de cierto, que si la ciencia y la ley admiten la existencia posible de criminales privilegiados y excepcionales, asesinos inviolables, ladrones irresponsables, bandidos reales e imperiales, todo el mecanismo del mundo político y moral viene por tierra. Los sabios y legisladores van más lejos que Dios mismo, que no ha tenido una sola ley que no tenga su sanción o castigo, que se produce naturalmente contra todo infractor sin excepción. Rico o pobre, rey o siervo, el que mete el dedo en el fuego, se quema. He ahí la justicia natural. Así está legislado el mundo físico y así lo está el mundo moral. Toda violación del orden natural, lleva consigo su castigo; todo violador o infractor es delincuente, y su delito podrá escapar al castigo del hombre, pero no al de Dios, aquí en la tierra, sin ir más lejos. La sociedad no necesita infligirlo; le basta declarar el crimen y el criminal y darlos a conocer de todos. Es imposible llevar más lejos el remedio. El que mata a su semejante, se suicida; el que roba se expropia él mismo, a una condición, y es que todo el mundo sepa que un asesinato, un robo han sido cometidos y conozca al que ha cometido el robo y el asesinato. Con esto sólo, con tal que sea infalible, el criminal está castigado y perdido hasta que no se rehabilite por el bien.

VI

(LA RESPONSABILIDAD PENAL SERA EL UNICO MEDIO EFICAZ)

La responsabilidad penal será al fin el único medio eficaz de prevenir el crimen de la guerra, como lo es de todos los crímenes en general.

Mientras los autores principales del crimen de la guerra gocen de inmunidad y privilegios para perpetrarlo en nombre de la justicia y de la ley, la guerra no tendrá ninguna razón para dejar de existir. — Ella se repetirá eternamente como los actos lícitos de la vida ordinaria.

Reducid la guerra al común de los crimenes y a los autores de ella al común de los criminales, y su repetición se hará tan excepcional y fenomenal, como la del asesinato o la del robo ordinario.

No sólo es posible la confusión del crimen de la guerra con el crimen del asesino y del ladrón, sino que es un escándalo inmoral el que esa confusión no exista: y esa escandalosa distinción es todo el origen presente de la guerra. No habría sino que aplicarle esta doctrina simple para verla desaparecer o disminuir.

El que manda asesinar y aprovecha del asesinato, es un asesino.

El que autoriza el robo y medra del robo es un ladrón.

El que ordena el incendio y el corso, es un bandido, es un pirata.

Para los asesinos, los ladrones y los bandidos, es el cadalso, no el trono; es la infamia, no el honor ni la majestad del mando.

VII

(DEBER DE PREVENIR LA GUERRA)

Todo Estado que no puede dar diez pruebas auténticas de diez tentativas hechas para prevenir una guerra como el último medio de hacer respetar su derecho, debe ser responsable del crimen de la guerra ante la opinión del mundo civilizado, si quiere figurar en él como pueblo honesto y respetable.

Cap. V.— *Efectos de la guerra*

I

(PERDIDA DE LA LIBERTAD Y DE LA RIOUEZA)

El primer efecto de la guerra,—efecto infalible—es un cambio en la constitución interior del país, en detrimento de su libertad, es decir, de la participación del pueblo en el gobierno de sus cosas. Este resultado es grave pues desde que sus cosas dejen de ser conducidas por él mismo, sus cosas irán mal.

La guerra puede ser fértil en victorias, en adquisiciones de territorios, de preponderancia, de aliados sumisos y útiles; ella cuesta siempre la pérdida de su libertad al país que la convierte en hábito y costumbre.

Y no puede dejar de convertirse en hábito permanente una vez comenzada, pues en lo interior como en lo exterior la guerra vive de la guerra.

Ella crea al soldado, la gloria del soldado, el héroe, el candidato, el ejército y el soberano.

Este soberano, que ha debido su ser a la espada, y que ha resuelto por ella todas las cuestiones que le han dado el poder, no dejará ese instrumento para gobernar a sus gobernados en cambio de la razón que de nada le ha servido.

Así todo pais guerrero acaba por sufrir la suerte que él pensó infligir a sus enemigos por medio de la guerra. Su poder soberano no pasará a manos del extranjero, pero saldrá siempre de·sus manos para quedar en las de esa especie de estado en el estado,—en las de ese pueblo aparte y privilegiado que se llama el *ejército*. La soberanía nacional se personifica en la soberanía del ejército; y el ejército hace y mantiene los emperadores que el pueblo no puede evitar.

La guerra trae consigo la ciencia y el arte de la guerra, el soldado de profesión, el cuartel, el ejército, la disciplina; y, a la imágen de este mundo excepcional y privilegiado, se forma v amolda poco a poco la sociedad entera. Como en el ejército, la individualidad del hombre desaparece en la unidad de la masa, y el Estado viene a ser como el ejército, un ente orgánico, una unidad compuesta de unidades, que han pasado a ser las moléculas de ese grande v único cuerpo que se llama el Estado, cuya acción se ejerce por intermedio del ejército y cuya inteligencia se personaliza en la del soberano.

He ahí los efectos politicos de la guerra,

según lo demuestra la historia de todos los países y el más simple sentido común.

A la pérdida de la libertad, sígue la pérdida de la riqueza como efecto necesario de la guerra; y con sólo ésto es ya responsable de los dos más grandes crímenes, que son:—esclavizar y empobrecer a la nación, si estas calamidades son dos y no una sola.

La riqueza y la libertad son dos hechos que se suponen mutuamente. Ni puede nacer ni existir la riqueza donde falta la libertad, ni la libertad es comprensible sin la posesión de los medios de realizar su voluntad propia.

La libertad es una, pero tiene mil faces. De cada faz hace una libertad aparte nuestra facultad natural de abstraer. De la tiranía, que no es más que el polo negativo de la libertad, se puede decir otro tanto. Examinadlo bien: donde una libertad esencial del hombre está confiscada, es casi seguro que están confiscadas todas. Paralizad la libertad del pensamiento, que es la faz suprema y culminante de la libertad multiplice, y con sólo eso dejáis sin ejercicio la libertad de conciencia o religiosa, la libertad política, las libertades de industria, de comercio, de circulación, de asociación, de publicación, etc.

La riqueza deja de nacer donde estos tres modos del trabajo que son su fuente natural,— la *agricultura*, el *comercio*, la *industria*,—están paralizados o entorpecidos por las necesidades de un orden de cosas militar, y ese régimen no puede dejar de producir esa paralización en ellas, por estas razones bien sencillas.

La guerra quita a la agricultura, a la industria y al comercio sus mejores brazos, que son los más jóvenes y fuertes, y de productores y creadores de la riqueza, que esos hombres debían ser, se convierten, por las necesidades del orden militar, no en meros consumidores estériles, sino además en destructores de profesión, que viven del trabajo de los menos fuertes, como un pueblo conquistador vive de un pueblo conquistado.

Cuando digo la guerra, digo el ejército, que no es más que la expresión de la guerra en reposo, lo cual no es equivalente a la paz. La paz armada es una campaña sin pólvora contra el país.

El soldado actual se diferencia del soldado romano en ésto : que el soldado romano se hacía vestir, alimentar y alojar por el trabajo del extranjero sometido; mientras que el soldado moderno recibe ese socorro de la gran mayoría del pueblo de su propia nación convertida en tributaria del ejército, es decir, de un puñado privilegiado de sus hijos : el menos digno de serlo, como sucede a menudo con toda aristocracia.

Es innegable que la nación trata al ejército mejor que a sí misma, pues le consagra los tres tercios del producto de su contribución nacional. Invoco el presupuesto de todas las naciones civilizadas : el gasto de guerra y marina, es decir, del ejército, absorbe las tres cuartas partes; el resto es para el culto, la educación, los trabajos de pública utilidad, el gobierno interior y la policia de seguridad, que no son sino un apéndice civil del ejército y de la guerra, como lo veremos ahora.

No hablo de una nación, hablo de todas. No aludo a los Imperios, hablo también de las Repúblicas. No me contraigo a Europa; hago la historia de la América.

Sólo el Asia, el Africa y la América indígena, es decir, sólo los pueblos salvajes, son excepción de esta regla de los pueblos civilizados y cristianos.

Con cierta razón se ríen ellos de nuestra civilización; no porque adoremos la guerra, que ellos adoran, sino porque los consideramos salvajes al mismo tiempo que nuestra civilización les copia su culto militar. Ellos al menos no se dicen *hermanos* e hijos de un Dios común.

Los salvajes nos hacen justicia. Nada cautiva su predilección entre los imbéciles de nuestra civilización, como un arnés de guerra, un fusil, una espada, un uniforme. En ese punto son gentes civilizadas a nuestro modo.

II

(EL MILITARISMO CONSUME LA RIQUEZA NACIONAL)

La riqueza, que a veces aparenta florecer bajo el orden militar de cosas, no es un desmentido de lo que dejamos dicho, sino una prueba más de su verdad.

Es que la riqueza, que es útil a la libertad, es indispensable a la guerra; ella tiene eso de semejante a la providencia, hace vivir a los señores y a los esclavos.

Como equivalente del poder, la riqueza es

un instrumento de la guerra que los reasume todos. Así, la guerra tiene su economia política peculiar y propia. Ella sabe poblar a su modo, instruir a su modo, producir a su modo, cultivar a su modo y comerciar a su modo.— También tiene su modo peculiar de emplear la libertad. Como a la más fecunda de sus esclavas, la guerra emplea la libertad, a veces, para hacerla producir el dinero necesario al ejército y a sus campañas. Sólo en ese sentido es liberal el gobierno militar.

La economía politica de la guerra, fomenta la riqueza de la nación en cuanto es necesaria a la vida del ejército, como el cultivador de flores parásitas cuida con esmero la vida de los árboles que las sustentan, no por el árbol sino por sus parásitos.

Por estas causas y por algunas otras eventuales, se han visto grandes propiedades al lado y en seguida de guerras terribles; y los partidarios de ella, como sistema, han concluído que la guerra era la causa de esas prosperidades. Porque las guerras no han podido estorbar la prosperidad nacida del poder vital de los pueblos, se ha concluido que ellas eran la causa de ese progreso.

Los incendios, las pestes y los terremotos no han impedido que la humanidad prosiga sus progresos en la civilización; ¿debemos concluir de ahí que los incendios y las pestes han sido causa del progreso de los pueblos?

III

(LA GUERRA ES FACTOR DE DESPOBLACION)

Tras la pérdida de la libertad y de la riqueza, la guerra trae al país que se invetera en ella la pérdida de su población, es decir, su disminución, su apocamiento como nación importante. La extensión de la población, más que la del territorio, forma la magnitud de un Estado.

No es en los campos de batalla, no es en los hospitales de campaña donde la guerra hace sus más grandes bajas en el censo de la población; es en las emigraciones que el temor de la conscripción produce, es en las familias que dejan de formarse por causa de la dedicación a la guerra de la numerosa juventud más apta para el matrimonio; es en la desmoralización de las costumbres, que engendra el celibato forzado de millares de hombres jóvenes; es en las inmigraciones, que previene y estorba la perspectiva de sus estragos en la suerte del pais en guerra; es en el olvido de todo espiritu de libertad que produce en la población el largo hábito de la obediencia automática del soldado. Entre el soldado disciplinado y el ciudadano libre hay la diferencia que entre el vagón y una locomotora: el uno, es máquina que obedece, la otra es agente motor.

Este tercer crimen de la guerra—el despoblar. la nación—es doblemente desastroso en los países nuevos de América, donde el acrecentamiento de su escasísima población es la condición fundamental de su progreso y desarrollo.

En todos los paises que han vivido largos años bajo gobiernos militares en que la guerra extranjera es a menudo un expediente de gobierno interior, la población ha disminuido o quedado estacionaria. Ejemplos de ello son la España, la Francia y los más de los Estados de la América del Sud, el suelo del cesarismo sin corona.

Si es verdad que la población se desarrolla en proporción de las subsistencias, la guerra, que siempre tiene por efecto inmediato y natural el disminuirlas, viene a ser por ese lado otra causa de paralización en el progreso de la población.

La guerra disminuye la población de los Estados, cegando los manantiales de la riqueza y del bienestar de sus habitantes, que no se multiplican espontáneamente sino al favor de esos beneficios fecundos.

En una palabra, la guerra es al organismo general del Estado lo que la enfermedad al cuerpo humano, una causa de decrepitud y aniquilamiento general, pues no hay órgano ni función, que no se resienta de sus efectos letales. Y aunque haya guerras, como hay enfermedades, que ocasionalmente traen a la salud cambios excepcionalmente favorables, la regla general es que la guerra como la enfermedad, conducen al exterminio y a la muerte, no a la salud.

A nadie se oculta que muchas guerras, de las que registra la historia, han servido para producir en los destinos de más de una nación los cambios más favorables a su progreso y civilización, como más de un enfermo ha debido su salvación a una medicina fuerte y terrible; pero nadie deducirá de estos hechos, en cierto modo fenomenales como regla general de politica y de tratamiento médico, que se deben suscitar guerras para aumentar la riqueza y la población del país, ni que se deba sangrar y purgar al que no está enfermo, para robustecerlo más de lo que está naturalmente.

IV.

(LA GUERRA COMO CAUSA DE CRISIS ECONOMICAS)

Los gastos del Estado en la ejecución de una guerra, forman la parte más pequeña de los estragos que ella opera en los capitales y en las fortunas de los particulares, directa o indirectamente. Estos estragos no se dejan ver con la misma claridad que los otros, porque no hay una contabilidad coletiva de las fortunas y propiedades privadas en que aparezca el saldo, al fin de la guerra. Pero evidentemente son los más considerables porque pesan sobre todo el capital de la Nación.

Se ven a veces grandes fortunas parciales que se forman en medio de la guerra, y tal vez a causa de ella; pero esas fortunas excepcionales, que sólo favorecen a pocos individuos y a una que otra localidad, no destruyen la regla de que la guerra es causa de empobrecimiento para la población en general.

Desde luego, el aumento de la deuda pública,

por empréstitos o emisiones de fondos a interés, exigidos siempre por la guerra, disminuye el haber de los particulares, aumenta el monto de las contribuciones; y es indudable que una guerra pesa siempre sobre muchas generaciones, empobreciendo a los que viven y a los que no han nacido.

Por grande que sea el mal que la guerra haga al enemigo, mayor es el mal que hace al país propio; pues el aumento de la deuda, quiere decir la disminución de haber de cada habitante, que, en lugar de pagar una contribución como diez, la paga como veinte para cubrir los intereses de la deuda, que originó la guerra.

No es necesario que la guerra estalle para producir sus efectos desastrosos. Su mera perspectiva, su simple nombre hace victimas, pues paraliza los mercados, las industrias, las empresas, el comercio, y surgen las crisis, las quiebras, la miseria y el hambre.

Y no por ser lejana es menos desastrosa la guerra al país que la hace. La distancia, al contrario, aumenta los sacrificios que ella cuesta en hombres, dinero y tiempo; y aunque el dinero del país se gaste en los antípodas, no por eso el bolsillo del país deja de sentir su ausencia, y en cualquier latitud del globo que caiga la sangre del soldado, su familia no se libra del luto porque habite a tres mil leguas. En las guerras vecinas, se salvan los heridos; en las guerras lejanas, todo herido es un ca. dáver. Todo el que invade un pais antipoda quema sus naves sin saberlo; y si no logra conquistar, es conquistado.

Y así como no es preciso que la guerra estalle para producir desgracias, así después que ha pasado sigue castigando al pais que la produjo, hasta en sus remotas generaciones, obligadas a expiar, con el dinero de su bolsillo y el pan de sus familias, el asesinato 'internacional que cometieron sus padres y abuelos.

V

AUXILIARES DE LA GUERRA

La guerra es un estado, uń oficio, una profesión, que hace vivir a millones de hombres. Los militares forman su menor parte. La más numerosa y activa, la forman los industriales que fabrican las armas y máquinas de guerra, de mar y tierra, las municiones, los pertrechos; los que cultivan y enseñan la guerra como ciencia.

Abolir la guerra, es tocar al pan de todo ese mundo.

Quien dice militares, alude a los soberanos que lo son casi todos; a una clase privilegiada y aristocrática de altos funcionarios, de gran influjo en el gobierno de las naciones, sobre todo de las Repúblicas; a glorias o vanaglorias, a títulos, a rangos de familias que tienen en la guerra su razón de ser.

La paz perpetua sería una plaga para todo ese mundo.

Así Saint Pierre, su apóstol, fué echado de la Academia por su proyecto de paz perpetua, y. Enrique IV fué echado de este mundo por el puñal de Ravaillac, la víspera de plantificar ese designio.

Como la guerra ocupa el poder y tiene el gobierno de los pueblos, ella es la ley del mundo; y la paz no puede tomarle su aseendiente sino por una reacción o revolución sin armas que constituye este problema casi insoluble:—el de un ángel desarmado, que tiene que vencer y desarmar a Marte, sin lucha ni sangre.

Pero como la paz tiene por ejército a todo el mundo, y como todo el mundo es más que el ejército, la paz tiene al fin que salir victoriosa y tomar el gobierno del mundo, a medida que los pueblos, ilustrándose y mejorándose, se apoderen de sus destinos y se gobiernen a sí mismos; es decir, a medida que se hagan más y más libres, como tiene que suceder por la ley natural de su ser progresista y perfectible.

Así, la libertad traerá la paz, porque la libertad y la paz son la regla, y la guerra es la excepción.

El día que el pueblo se haga ejército y gobierno, la guerra dejará de existir, porque dejará de ser el monopolio industrial de una clase que la cultiva en su interés.

VI

DE OTROS MALES ANEXOS Y ACCESORIOS DE LA GUERRA

No todas las operaciones de la guerra se hacen por los ejércitos y en los campos de batalla. Sin hablar de los bloqueos, de las in terdicciones, de las embajadas, que se emplean para hostilizar al enemigo; sin hablar de la guerra de propaganda, de denigración y de injuria por la prensa y la palabra, dentro y fuera del país en guerra; hay la guerra de policía, la guerra de espionaje y delación, la guerra de intriga y de inquisición secreta, de persecución sorda y subterránea, en qué se emplea un ejército numeroso de soldados ocultos, de todo sexo, de todo rango, de toda nacionalidad, que hacen más estragos en la sociedad beligerante que la metralla del cañón, y que cuesta más dinero que todo un cuerpo de ejército. Hay además, la guerra de maquinación, de soborno, de zapa y mina, de conspiración sorda, en que los millones de pesos constituyen la munición de guerra, y todo el móvil, toda el alma. Hay además, la guerra de desmoralización, de disolución, de desmembración, de descomposición social del país beligerante, que pudre las generaciones que quedan vivas, y cuya corrupción deja rara vez de alcanzar al corruptor mismo, es decir, al país y gobierno que emplean tales medios de guerra.

Qué se hace de este ejército subterráneo des-

pués de la campaña? Es más peligroso que
el otro en sus destinos ulteriores.

El soldado que ha hecho el papel de león,
peleando a cara descubierta en el campo de batalla, vuelve a su hogar con su estima intacta,
aunque sus manos vengan cubiertas de sangre. La convención ha sancionado el asesinato,
cuando es hecho en grande escala y en nombre
de la patria, es decir, con intención sana aunque equivocada.

Pero el que se ha encargado de desempeñar
las funciones de la serpiente, de la araña ve-
nenosa, del reptil inmundo, ¿qué papel digno
y honesto puede hacer en la sociedad de su
país, después de terminada la guerra?

El derecho de la guerra, ha logrado sus-
traer del verdugo y de la execración pública
al homicida que se sirve de un fusil o de un
cañón en un campo de batalla, pero no ha
logrado justificar al envenenador, al falsificador,
al calumniador, al espión o ladrón del secreto
privado, al corruptor, que siempre es cómplice
del corrompido, al que usa llaves falsas, es-
caleras de cuerda, puñal envenenado.

La guerra que ha creado esa milicia, ha
creado un remedio, que es una verdadera enfermedad. El arsénico, los venenos, pueden servir para dar salud; pero el cólera no es el
remedio de la fiebre amarilla, ni el crimen
puede ser remedio del crimen.

El regreso de ese ejército al seno de la nación
que ha tenido la desgracia de emplearlo contra
el enemigo, se convierte en el castigo de su
crimen, pues rara vez deja de poner su táctica
y sus armas al servicio de la guerra civil,

en que la guerra extranjera se transforma casi siempre. Y cuando no existe la guerra, sirve para envenenar y corromper la paz misma, pues la sociedad, la familia, la administración pública, todo queda expuesto al alcance de su acción deletérea y corruptora. El país tiene que defenderse de tales defensores, empleando los medios con que se extinguen las víboras y los insectos venenosos, lo cual viene a ser una especie de homeopatía, o el ataque de los *semejantes por sus semejantes (simila similibus curantur)*: un doble extracto del mal, que no es otra cosa que una doble calamidad.

Estos efectos de la guerra se hacen sentir principalmente en los pequeños Estados como los de Sud América, donde la insuficiencia de los medios militares obliga a los beligerantes a suplirlos por el uso de todas esas cobardías peculiares de la debilidad y de la pobreza, y que se hacen sentir con menos actividad en las guerras de la Europa.

La *guerra de policía* es una invención que se ha hecho conocer en el Río de la Plata por un partido que pretende representar la libertad, es decir, la antítesis de toda policía represiva y perseguidora. Su nombre es un contrasentido. La guerra es un derecho internacional o de partidos interiores capaces de llegar a ser beligerantes.

¡*Guerra de policía!* Curioso barbarismo. La guerra es un proceder legitimado por el derecho de gentes: es un proceso irregular, en que cada combatiente, es juez y parte, actor y reo. Sólo entonces, cada parte es beligerante, y sólo hay guerra entre beligerantes, es decir, entre

Estados soberanos y reconocidos, porque hacer la guerra lícita es practicar un acto de soberania. Sólo el soberano legítimo, puede hacer legítima guerra.

Dar el nombre de guerra al choque del juez con el reo ordinario, es hacer del ladrón común un beligerante, es decir, un soberano.

Es la consagración y dignificación del vandalaje, lejos de ser su represión. Ese es el resultado real, pero otro es el tenido en mira. ¿Cuál? Tratar al *beligerante* como al criminal privado, en cuanto a 'los medios 'de perseguirlo. La calificación no es mala en este sentido, pero a una condición, de ser recíproco su empleo a fin de que la justicia sea igual y completa en sus aplicaciones; pues si la guerra en favor del derecho de resistencia es un crimen ordinario, no lo es menos la guerra en favor del derecho de opresión, aunque el opresor se llame soberano.

Si el *gobierno* cree que todos sus medios son lícitos, porque representa el principio de *autoridad*, el *ciudadano* no es inferior en posición a ese respecto, pues representa el principio de *libertad*, más alto que el de autoridad. La autoridad es hecha para la libertad, y no la libertad para la autoridad. Si la libertad individual, que es el hombre, estuviese protegida por sí misma, la autoridad no tendria objeto ni razón de existir.

Así, en el conflicto de la autoridad con la libertad, es decir, del Estado con el individuo, el derecho de los medios es idéntico en extensión sino mayor al de la libertad. Así, toda constitución libre después de enunciar los poderes del gobierno, consagra este otro de los ciudadanos unidos que los iguala en nivel a todos aquellos, a saber:—el de la resistencia o desobediencia.

VIII

(DIPLOMACIA DOLOSA)

En la América del Sud cada República era una tribuna de libertad para la República vecina, y era el único modo cómo podía existir respetada la libertad política. La diplomacia de sus gobiernos empieza a encontrar el medio de quitar a la libertad este refugio en la celebración de *tratados de extradición* y de *régimen postal*.

Pero, perseguir a los escritores y a los escritos de oposición liberal, en el país extranjero que les sirve de tribuna, es violar el derecho de gentes liberal, que los protege lejos de condenarlos. ¿Qué se hace para eludir este obstáculo? Se les persigue no como deliuentes políticos, sino como delincuentes ordinarios; se transforma el crimen de oposición, es decir, de libertad, en algún crimen de estafa o de asesinato, y aunque no se pruebe jamás, por la razón de que no existe, bastará exhibir piezas que justifiquen la extradición, para dar alcance a la persona del opositor político, y suprimirlo o enmudecerle en nombre de la justicia criminal ordinaria.

El crimen de esta diplomacia dolosa, tendrá el castigo que merece y que recibirá sin duda en servicio de la libertad misma, dando lugar a que los mismos signatarios de los tratados de extradición, sean extraídos del país extranjero de su refugio el día que la fuerza de las cosas los despoje del poder y los eche en la oposición liberal.

VIII

DE LOS SERVICIOS QUE PUEDE RECIBIR LA GUERRA DE LOS AMIGOS DE LA PAZ

No basta predicar la abolición de la guerra para fundar el reinado de la paz. Es preciso cuidar de no encenderla con la mejor intención de abolirla. Se puede atacar a la guerra de frente, y servirla por los flancos sin saberlo ni quererlo. Este peligro viene de nuestras pasiones y parcialidades naturales a todos los hombres, amigos y enemigos de la paz; y de nuestros hábitos sociales pertenecientes al orden fundado en la guerra, es decir, a la sociedad actual.

Los hábitos belicosos nos dominan de tal modo, que hasta para perseguir la guerra nos valemos de la guerra; ejemplo de ello es este concurso mismo provocado en honor y provecho de un vencedor de sus contendores o concurrentes literarios.

Otro ejemplo puede ser el honor discernido al que firma un libro en que se hace la apología y la santificación de la guerra, por consideración a ese libro mismo. Si premiáis las apologías de la guerra, dais una prima al que, se burla de vuestra propaganda pacífica.

Otro ejemplo puede ser el de la indiferencia con que se mira una guerra que sirve a nuestro partido, a nuestras esperanzas, a nuestras ambiciones. Toda la doctrina de la paz degenera en pura comedia si la guerra que sirve al engrandecimiento de la dinastía A, no nos causa el mismo horror que la que robustece a la dinastía B; si la guerra que sirve a la dilatación de nuestro país, no nos causa la misma repulsión que la que engrandece al país vecino.

Cuenta lord Byron una especie probablemente humorística recogida en sus viajes a Italia: que el marqués de Beccaria, después de publicar su disertación sobre los delitos y las penas, en que aboga por la abolición de la pena capital, fué víctima de un robo que le hizo su doméstico, de su reloj de bolsillo, y que al descubrir al autor, exclamó, involuntariamente: —*que lo ahorquen!*

Este cuento malicioso expresa cuando menos la realidad del escollo que dejamos señalado. Los abolicionistas de la pena de muerte aplicada a las naciones, debemos cuidar de no hacer lo que el marqués de Beccaria, el día que se pida la sangre de un pueblo que resiste con su espada lo que conviene a nuestro egoismo. El verdadero medio de atacar la guerra que nos daña, es atacar la guerra que nos sirve.

Hay filántropos para quienes la guerra es un crimen, cuando ella sirve para aumentar el poder de una dinastía, la de Napoleón, por ejemplo; pero si la guerra sirve para aumentar el poder de una dinastía rival, la de Orleans, v. g., la guerra deja de ser crimen y se convierte en justicia criminal. La abolición de la guerra tiene que luchar con estas dificultades de nuestra flaqueza humana, pero no por eso dejará de realizarse un día.

Cuando se ofrecen premios al mejor libro que se escriba contra el crimen de la guerra, se emplea la guerra como medio de abolirla. Un certamen es un combate; y un premio, es una herida, hecha a los excluídos de él.

Cuando coronáis un libro que hace la apologia de la guerra, dando al autor un asiento en la Academia de las ciencias morales y políticas, fomentáis la guerra sin perjuicio de vuestro amor a la paz. Luis XIV era más lógico echando a Saint Pierre de la Academia porque proponía la paz perpetua.

¡Qué de veces el amor a la paz no es más que un medio de hacer la oposición política a un gobierno militar! No basta sino que el poder pase a manos de los filántropos y que la guerra sea el medio de conservarlo o extenderlo, para que su doctrina general admita una excepción que la derogue enteramente.

Raro es el hombre que no está por la paz, pero es más raro el amigo de la paz, que no quiera una guerra previa. Así lo fué Enrique IV, y lo son Víctor Hugo y los filántropos del día.

Enrique IV quería la paz perpetua, previa una guerra para abatir al Austria, y Victor Hugo está por la paz universal, después de una guerra para destruir a Napoleón.

IX

(CAMBIO DE IDEAS, INDISPENSABLE)

No se puede modificar el alcance de los efectos de la guerra, sin modificar paralelamente el de los deberes del patriotismo.

Para que la guerra deje de ver enemigos en los particulares del Estado enemigo, es indispensable que esos particulares se abstengan de secundar y pelear a la par del ejército de su país.

*

Cap. VI.-- *Abolición de la guerra*

I

(FACTORES DE EDUCACION PACIFISTA)

¡Abolir la *guerra!* Utopía. Es como abolir el *crimen*, como abolir la *pena*.

La guerra como crimen, vivirá como el hombre; la guerra como pena de ese crimen, no será menos duradera que el hombre.

¿Qué hacer a su respecto? En calidad de pena, suavizarla según el nuevo derecho penal común; en calidad de crimen, prevenirlo como a lo común de los crímenes, por la educación del género humano.

Esta educación se hace por sí misma. La operan las cosas, la ayudan los libros y las doctrinas, la confirman lás necesidades del hombre civilizado.

No será de resultas de la idea más o menos justa que se haga de la guerra, que ella se hará menos frecuente. El criminal ordinario no de-

linque por un error de su espíritu; en el modo de evitar el derecho criminal, las más veces sabe que es criminal; el ladrón sabe siempre que el robo es crimen, y jamás roba porque piense que el robar es honesto. El crimen
se impone a su conducta por una situación
violenta y triste, por un vicio, por un odio. Bas-
taría una situación opuesta para que el crimen
dejase de ocurrir.

El crimen de la guerra no difiere de los otros
en su manera de producirse. Los soberanos
se abstendrán de cometerlo, a medida que otra
situación más feliz de las naciones les dé lo
que lsu ambición pedía a las guerras; a medida que la economía política les dé lo que
antes les daba la conquista, es decir, el robo
internacional; a medida que el miedo al desprecio del mundo les haga abstenerse de hacer
lo que es despreciable y ominoso.

II

(EL COMERCIO ES EL PACIFICADOR DEL MUNDO)

La guerra no será abolida del todo; pero llegará a ser menos frecuente, menos durable,
menos general, menos cruel y desastrosa.

Ya lo es hoy mismo en comparación de tiempos pasados, y no hay por qué dudar de que
las causas que la han modificado hasta aquí,
sigan obrando en lo venidero en el mismo
sentido de mejora; como se han cambiado las
penas, como los crimenes se han hecho menos
frecuentes por los progresos de la civilización.

Ese cambio estaría lejos de realizarse si su

ejecución estuviese encomendada a los guerreros, es decir, a los soberanos. Ellos, al contrario, están ocupados de fomentar las invenciones de máquinas y procederes de guerra más y más destructores.

No son la política ni la diplomacia las que han de sacar a los pueblos de su aislamiento para formar esa sociedad de pueblos que se llama el género humano. Serán los intereses y las necesidades de la civilización de los pueblos mismos, como ha sucedido hasta aquí.

Desde luego el comercio, industria esencialmente internacional que hace de más en más solidarios los intereses, el bienestar y la seguridad de las naciones. El comercio es el pacificador del mundo.

Luego, las vías de comunicación y las comunicaciones que el comercio crea y necesita para su labor de asimilación.

Luego, la libertad, es decir, la intervención de cada Estado en la gestión de sus negocios y gobierno de sus destinos, que basta por sí sola para que los pueblos no decreten la efusión de su propia sangre y de sus propios caudales.

Pero sobre todo, el agente más poderoso de la paz, es la *neutralidad*, fenómeno moderno que no conocieron los antiguos. Cuando Roma era el mundo, no había neutrales si Roma entraba en guerra.

III

(EL SUICIDIO DE LA GUERRA)

Se habla con cierto pavor por el porvenir del mundo, de los inventos de máquinas de destrucción que hace cada día el arte de la guerra; pero se olvida que la paz no es menos fértil en conquistas e invenciones que hacen de la guerra una eventualidad más y más imposible.

Con sus inventos la guerra se suicida en cierto modo, porque agrava su crimen y confirma su monstruosidad.

Y es tal la fatalidad con que todas las fuerzas humanas trabajan en el sentido de hacer del género humano una vasta creación de pueblos, que hasta la guerra misma, queriendo contrariar ese resultado, le sirve a su pesar, acercando entre sí a los mismos pueblos que tratan de destruirse. Este hecho de la historia ha dado lugar a la doctrina que ha visto en la guerra un elemento de civilización, como podrían poseerlo también la peste, el incendio, el terremoto, que son causa ocasional de reconstrucciones nuevas, más bellas y perfectas que las obras desaparecidas.

En ese sentido negativo, la tiranía misma, la intolerancia, las preocupaciones del fanatismo, han contribuido al cruzamiento y enlace de las naciones, por las emigraciones y proscripciones a que han dado lugar. La tiranía de Carlos I de Inglaterra, tiene gran parte en la población y civilización de la América del

Norte. La persecución de los Hugonotes ha dado un impulso a la industria inglesa. Ya hemos dicho que Alberico Gentile y Hugo Grocio no serian los autores del derecho de gentes moderno, sin el destierro que los sacó de Italia y Holanda para habitar lares extranjeros. La moderna política de unión entre la Inglaterra y la Francia no sería tal vez un hecho, hoy día, si largos años de emigración en Inglaterra no hubieran hecho de Napoleón III el más ainglesado de todos los franceses.

IV

(LA ORGANIZACION DEL GENERO HUMANO)

Pero ¿qué causa pondrá principalmente fin a la repetición de los casos de guerra entre nación y nación?—La misma que ha hecho cesar las riñas y peleas entre los particulares de un mismo Estado: el establecimiento de tribunales sustituidos a las partes para la decisión de sus diferencias.

¿Qué circunstancias han preparado y facilitado el establecimiento de los tribunales interiores de cada Estado? La consolidación del país en un cuerpo de Nación, bajo un gobierno común y central para todo él.

Este mismo será el camino que conduzca a la asociación de las naciones que forman el pueblo-mundo, en la adquisición de los tribunales que han de sustituir a las naciones beligerantes en la decisión de sus contiendas.

Así, todo lo que conduzca a suprimir las distancias y barreras que estorban a los pueblos acercarse y formar un cuerpo de asociación general, tendrá por resultado disminuir la repetición de las guerras internacionales hasta extinguirlas o disminuirlas a lo menos.

Cread el pueblo internacional, o mejor dicho, dejadle nacer y crecer por sí mismo, en virtud de la ley que os hace crecer a vos mismo, y el derecho internacional, como ley viva, estará formado por sí mismo y con sólo eso. Cuando vaciáis un líquido en una fuente, no tenéis necesidad de ocuparos de su nivel: él mismo se cuida de eso y se nivela mejor que lo haría ·el primer geómetra. La humanidad es como ese líquido. Donde quiera que derraméis grandes porciones de ella, la veréis nivelarse por sí misma, según esa ley de gravitación moral que se llama el derecho.—Antes de darse cuenta del derecho, ya el derecho la gobierna, como se para y camina el hombre en dos pies antes de tener idea de la dinámica.

Así, dejad que trabajen en el sentido de una organización internacional del género humano los siguientes elementos conducentes a esa organización espontánea:

Primero. El cristianismo y su propagación. sino como dogma, al menos como doctrina moral. El derecho no excluye a los mahometanos. ni a los hijos de Confucio; son ellos, al contrario, los que lo excluyen, pues es un hecho que son los pueblos cristianos los que han dado a conocer hasta hoy el derecho internacional moderno.

La moral cristiana no necesita más que una

cosa para completar la conquista del mundo, en el sentido de su amalgama:—que la desarméis de todo instrumento de violencia y le dejéis sus armas naturales, que son la libertad, la persuasión, la belleza.—Un sacerdote de Jesucristo armado de cañones rayados y fusiles de Chassepót para imponer una ley que se impone por su propio encanto, es cuando menos un error que aleja al mundo de la constitución de su unidad. Para convencer al mundo de la belleza de la Venus del Capitolio, no han sido nesarias las penas del infierno y de la Inquisición; ni Maquiavelo ha tenido que seguir el menor invento a la tiranía para imponer a los ojos la belleza de la Venus de Médicis. Dad a leer el Evangelio a un hombre de sentido común; y si no corren de sus ojos esas dulces lágrimas que hace verter la más sublime acción, la más alta y noble poesía, decid que ese hombre no tiene alma o carece de un sentido, pues ni Rafael, ni el Ticiano, ni Miguel Angel, han dado a Jesús la belleza que tiene su doctrina por sí misma. Conquistando a los conquistadores del mundo, el cristianismo ha probado ser la moral de los hombres libres, pues los germanos han encontrado en él la expresión y la fórmula de sus instintos de libertad nativa.

Segundo. Después del cristianismo, que ha enseñado a los pueblos modernos a considerarse como una familia de hermanos, nacidos de un padre común, ningún elemento ha trabajado más activa y eficazmente en la unión del género humano como el comercio, que une a los pueblos en el interés común de alimentarse, de vestirse, de mejorarse, de defenderse del mal

físico, de gozar, de vivir vida corfortable y civilizada.—El comercio, ha hecho sentir a los
pueblos, antes que se den cuenta de ello, que
la unión de todos ellos multiplica el poder y
la importancia de cada uno por el número
de sus contactos internacionales.

El comercio es el principal creador del derecho internacional, como constructor incompa-
rable de la unidad y mancomunidad del género
humano. El ha creado a Alberico Gentile y
a Grocio, inspirados por la Inglaterra y la Holanda, los dos pueblos comerciales por excelencia, es decir, los dos pueblos más internacionales de la tierra por su rol de mensajeros y
conductores de las Naciones.

El derecho de gentes moderno, como hecho
vivo y como ciencia, ha nacido en el siglo XVI,
siglo de las empresas gigantescas del comercio,
de los grandes descubrimientos geográficos, de
los grandes viajes, de las grandes y colosales
empresas de emigración y de colonización de
los pueblos civilizados de la Europa en los
mundos desconocidos hasta entonces.

Esas conquistas del genio del hombre en el
sentido de la concentración del género humano,
han sido preparadas y servidas por otras tantas que han hecho en el dominio de las ciencias los Copérnico, Galileo, Newton, Colón, Vasco de Gama, etc.

Poniendo al mundo en el camino de su consolidación por la acción de sus instituciones
sociales y necesidades recíprocas, estas ciencias han preparado la materia viva, el hecho
palpitante del derecho internacional, que es la

organización del género humano en una vasta asociación de todos los pueblos que lo forman.

El comercio, que ha realizado hasta hoy las inspiraciones del cristianismo y de la ciencia, será el que trabaje en lo futuro en el complemento o coronamiento de la civilización moderna, que no será más que una semi-civilización, mientras no exista un medio por el cual pueda la soberanía del género humano ejercer su intervención en el desenlace y arreglo de los conflictos parciales, dejados hoy a la pasión y a la arbitrariedad de cada parte interesada en desconocer y violar el derecho de su contraparte.

La ciencia del derecho hará mucho en este sentido; pero más hará el comercio, pues el mundo es gobernado, en sus grandes direcciones, más bien por los intereses que por las ideas.

Para completar su grande obra de unificación y pacificación del género humano, el comercio no necesita más que una cosa, como la religión cristiana:—que se le deje el uso de su más completa y entera libertad.

¿Qué importa que su genio haya inspirado los inventos del ferrocarril, del buque a vapor, del telégrafo eléctrico, del cambio, del crédito, y que posea en estos instrumentos las armas capaces de concluir con la guerra, si le atáis las manos y le impedís emplearlos?

La libertad del vapor, la libertad de la electricidad, significan las libertades del comercio o de la vida internacional, como la libertad de la prensa, que es el ferrocarril del pensamiento, significa la libertad de las ideas.

Cada tarifa prohibitiva o protectriz del atraso privilegiado, es un Pirineo, que hace de cada nación una España o una China, en aislamiento.

Las tarifas de ese género superan a las montañas, en que no admiten túneles subterráneos.

Las tarifas sirven a la guerra mejor que las fortificaciones, porque estorban por sistema y pacíficamente la unión de las naciones en un todo común y solidario, capaz de una justicia internacional destinada a reemplazar la guerra, que es la justicia internacional que hoy existe.

Cada ferrocarril internacional, por el contrario, vale diez tratados de comercio, como instrumento de unificación internacional; el telégrafo, suprimiendo el espacio, reune a los soberanos en congreso permanente y universal sin sacarlos de sus palacios. Los tres cables trasatlánticos, son la derogación tácita de la doctrina de Monroe, mejor que hubieran podido estipularla tres congresos de ambos mundos.

Y si las tarifas son impenetrables al vapor, tanto peor para ellas, pues ese agente omnipotente se las llevará por delante enteras y de una pieza.

Por los conductos de comunicación que abre el comercio entre Estado y Estado, y tras él, se precipitan las expediciones de la ciencia, las misiones de la religión, las grandes emigraciones de los pueblos y las masas de visitantes, que por placer, por curiosidad y para educarse, se envían unas a otras las naciones modernas; y la consolidación del género humano en su vasta unidad, recibe de la acción de esos elementos un desarrollo más y más acelerado.

Pero ninguna fuerza trabaja con igual eficacia en el sentido de esa labor de unificación, como la libertad de los pueblos, es decir, la participación de los pueblos en la gestión y gobierno de sus destinos propios.

La libertad es el instrumento mágico de unificación y pacificación de los Estados entre sí, porque un pueblo no necesita sino ser árbitro de sus destinos, para guardarse de verter su sangre y su fortuna en guerras producidas las más veces por la ambición criminal de los gobiernos.

A medida que los pueblos son dueños de sí mismos, su primer movimiento es buscar la unión fraternal de los demás. Es fácil observar que los pueblos más libres son los que más viajan en el mundo, los que más salen de sus fronteras y se mezclan con los otros, los que más extranjeros reciben en su seno. Ejemplo de ello, la Holanda, la Inglaterra, los Estados Unidos, la Suiza, la Bélgica, la Alemania. El comercio y la navegación no son sino la forma económica de su libertad política; pero la más alta función de esta libertad en servicio de la paz, consiste en la abstención sistemática y normal de toda empresa de guerra contra otra nación.

Y como el progreso creciente de cada pueblo en el sentido de su civilización y mejoramiento, trae consigo como su condición y resultado la intervención creciente del pueblo en la gestión de su gobierno, con los progresos de la libertad de cada país se operan paralelamente los que hace el género humano en la dirección de su organización en un cuerpo más o menos homogéneo, susceptible de recibir instituciones de carácter judiciario, por las cuales puede el mundo ejercer su soberanía en la decisión de los pleitos de sus miembros nacionales, que hoy se dirimen por la fuerza armada de cada litigante, como en pleno desierto y en plena barbarie.

Que ese progreso viene paso a paso, la historia de la civilización moderna lo demuestra; y la garantía de que acabará de llegar del todo, es que viene, no por la fuerza de los gobiernos, sino por la fuerza de las cosas contra la resistencia misma de los gobiernos.

Hoy parece paradoja. ¿Quién en los siglos IX y X no hubiese llamado paradoja a la idea de que la Francia entera llegaría a tener un solo gobierno para los infinitos países y pueblos de que se componen su nación y su suelo?

V

INEFICACIA DE LA DIPLOMACIA

Sin duda que la diplomacia es preferible a la guerra como medio de resolver los conflictos internacionales, pero no es más capaz que la guerra de resolverlos en el sentido de la justicia, porque al fin la diplomacia no es más que la acción de las partes interesadas; acción pacífica, si se quiere, pero parcial siempre, como la guerra, en cuanto a acción de las partes interesadas.

La diplomacia, como todos los medios amigables, puede ser una manera de *prevenir* los conflictos, pero no de *resolverlos* una vez producidos.

Es raro el conflicto que se resuelve por la . simple voluntad de las partes en contienda.

Es preciso que una tercera voluntad las decida a recibir la solución que, rara vez o nunca, agrada a la voluntad de las partes interesadas admitir.

Esa tercera voluntad es la de la sociedad entera, y sólo porque es de toda ella tiene la fuerza necesaria de imponerse en nombre de la justicia, mejor interpretada por el que no es parte interesada en el conflicto. Si los más ven mejor la justicia que los menos, no es porque muchos ojos vean más que pocos ojos; sino porque los más son más capaces de imparcialidad y desinterés.

La diplomacia es un medio preferible a la guerra; pero ella, como la guerra, significa la ausencia de juez, la falta de autoridad común. Son las partes abandonadas a sí mismas; es una justicia que los litigantes se administran a sí propios; justicia imposible, por lo tanto, que casi siempre degenera en guerra para no llegar a otro resultado que el de matar la cuestión a cañonazos en vez de resolverla.

No hay solución amigable, como no hay sentencia o justicia de amigos. Donde hay amistad no hay conflicto, porque la amistad le impide nacer. Donde hay conflicto la amistad no existe, y por eso es que hay conflicto.

El conflicto reside en las voluntades, **más**

bien que en los derechos y en los intereses. La amistad y la justicia debían ser inseparables; en la realidad casi son inconciliables. La amistad que ve con los ojos de la justicia, no es amistad: es indiferencia. La justicia que vé con los ojos de la amistad, deja de ser justicia recta.

Renunciar su derecho, no es resolver el conflicto; es cortarlo en gérmen, es prevenirlo, impedir que nazca.

La transacción, es la paz negociada antes que estalle la guerra.

Apelar a un común amigo, es ya buscar un juez; un juez de paz o de conciliación, pero juez en cuanto parte desinteresada en el conflicto.

Un juez que es juez porque la voluntad del justiciable quiere aceptar su fallo, no es un juez en realidad, porque es un juez sin autoridad coercitiva, propia y suya.

Donde la fuerza del juez no puede imponerse a la fuerza de las partes en conflicto, la guerra es inevitable.

Así, el arbitraje y los buenos oficios, son apenas el primer paso hacia la adquisición del juez internacional que busca la paz del mundo, que solo hallará, en una organización de la sociedad internacional del género humano.

VI

EMBLEMAS DE LA GUERRA

La guerra entra de tal modo en la complexión y contextura de la sociedad actual, que para suprimir la guerra sería preciso refundir la actual sociedad desde los cimientos.

Esto es lo que se opera desde la aparición del cristianismo, frente a la sociedad de origen greco-romano, es decir, militar y guerrero.

La sociedad actual es la mezcla de los dos tipos, el de la guerra o pagano, el de la paz o cristiano.

A esto se debe que el mismo cristianismo ha sido considerado como conciliable con la guerra, y la prueba viviente de esta extraña doctrina es que el Vicario del mismo Jesucristo en la tierra ciñe una espada, lleva una corona de Rey, es decir, de jefe temporal de un poder militar, tiene cañones, ejércitos, da batallas, las premia, las festeja, sin perjuicio del quinto mandato de la ley cristiana, que ordena *no matar.*

La ley de paz, o el cristianismo, ha santificado a muchos guerreros, que ocupan los altares católicos, tales como San Jorge, San Luis y tantos otros santos de espada. Pero esto ya es menos asombroso que un Vicario de Jesucristo armado de cañones rayados y de fusiles *Chassepot*, es decir, de las armas más destructoras, que conoce el arte militar.

La justicia es representada con una espada en la mano.

La ciencia, por la figura mitológica de Pallas o Minerva, que viste un casco guerrero y lleva una lanza.

El gobierno civil y político es representado por diversos signos o instrumentos más o menos coercitivos, como la espada, el bastón, el cetro.

Poder quiere decir *sable*, en el vocabulario del gobierno de los pueblos.

El honor, es el orgullo del mérito que se prueba por las armas. El caballero es un hombre de espada, que sabe batirse v matar a su adversario.

El ornamento del diplomático, es decir, del negociador de la paz de las naciones, es la espada.

La etiqueta de los reyes quiere que un caballero no se mezcle con las damas en los salones de la Corte sino armado de una espada.

El bigote es el signo del guerrero, porque esconde la boca, que traiciona la dulzura del corazón. Nada más que la supresión del bigote sería ya una conquista en favor de la paz, porque la boca, como órgano telégrafico del cora zón, habla más a los ojos que a los oídos. Naturalmente el bigote es de rigor en los tiempos y bajo los gobiernos militares; es un coquetismo de guerra; un signo de amable y elegante ferocidad.

VII

LA GLORIA

Una de las causas ocultas y no confesadas de la guerra, reside en las preocupaciones, en la vanidad, la idolatría por lo que se llama gloria. La gloria es el ruido entusiasta y simpático que se produce alrededor de un hombre.

Pero hay gloria y gloria. La gloria en general es el honor de la victoria del hombre sobre el mal.

Pero el mal es un hombre en las edades en que el hombre reviste de su personalidad todos los hechos y cosas naturales que se tocan con él. El hombre primitivo, como el niño, todo lo personaliza.

El mal es un individuo que se llama el *diablo;* la peste, es una persona humana.

Desde que se conocen las leyes naturales que gobiernan al hombre mismo, el mal deja de ser un hombre poco a poco. Es un hecho, que existe en la naturaleza.

La guerra entonces cambia de objeto; es contra la naturaleza enemiga, no contra el hombre. La victoria cambia de objeto y de enemigos, y la gloria cambia de naturaleza.

La gloria de Newton, de Galileo, de Lavoisier, de Cristobal Colón, de Fulton, de Stevenson, deja en la oscuridad la del bárbaro guerrero que ha brillado en la edad de tinieblas, cuando se creía que enterrar un hombre era matar el error, la ignorancia, la pobreza, el crimen, la epidemia.

La guerra, como el crimen, puede seguir siendo productiva de lucro para el que la hace con éxito; pero no de gloria, si ella no deriva el triunfo de una idea, del hallazgo de una verdad, de un secreto natural fecundo en bienes para la humanidad.

Las armas de la idea son la lógica, la observación, la expresión elocuente, no la espada.

De otro modo es la gloria un puro paganismo. Nos reímos de los dioses mitológicos de la antigüedad pagana y de los santos de los católicos; pero, ¿somos otra cosa que idólatras y paganos cuando tributamos culto a los grandes matadores de hombres, erigidos en semi-dioses por la enormidad de sus crímenes? ¿No nos parecemos a los salvajes de Africa que rinden culto a las serpientes como a divinidades, sólo porque son venenosas y mortales sus mordeduras?

Damos a los hombres el rango de *principios;* a la verdad, le damos carne y huesos; y. a estos simulacros sacrílegos y grotescos les alzamos altares sólo porque han osado ellos mismos dar a su espada el rango de la *verdad* y del *derecho.*

Entrar en las vias de ese paganismo politico, es dejar sin su culto estimulante a las verdades que interesan al género humano en las personas gloriosas de sus descubridores.

La poesía, la pintura, la escultura pueden dar a esas grandes verdades, un cuerpo, una imagen digna de ellos; pero es un sacrilegio el reemplazarlas por los hombres en el tributo del culto que merecen.

VIII

(LOS VERDADEROS HEROES DE LA HUMANIDAD)

Los pueblos son los árbitros de la gloria; ellos la dispensan, no los reyes. La gloria no se hace por decretos; la gloria oficial es ridícula. La gloria popular, es la gloria por cseneia. Luego los pueblos, con sólo el manejo de este talismán, tienen en su mano el gobierno de sus propios destinos. En faz de las estatuas con

que los reyes glorifican a los cómplices de sus
devastaciones, los pueblos tienen el derecho de
erijir las estatuas de los gloriosos vencedores de
la oscuridad, del espacio, del abismo de los ma
res, de la pobreza, de las fuerzas de la naturaleza puestas al servicio del hombre, como el
calor, la electricidad, el gas, el vapor, el fuego,
el agua, la tierra, el hierro, etc.

Los nobles héroes de la ciencia, en lugar
de los bárbaros héroes del sable. Los que ex-
tienden, ayudan, realizan, dignifican la vida,
no los que la suprimen so pretexto de servirla; los que cubren de alegría, de abundan-
cia, de felicidad las naciones, no los que las
incendian, destruyen, empobrecen, enlutan y
sepultan.

IX

EL MEJOR PRESERVATIVO DE LA GUERRA

No hay un preservativo más poderoso de la
guerra, no hay un medio más radical de con-
seguir su supresión lenta y difícil, que la libertad.

La libertad es y consiste en el gobierno del
país por el país. Un gobierno libre en este sentido, no necesita ejércitos poderosos, ni siquiera
de un ejército débil, para sostenerse. Pero, no
puede existir sin un ejército, el gobierno que
no es ejercido por el país. Este gobierno, en
rigor, es un poder usurpado al país, que no puede por lo tanto dejar de ser su antagonista ya
que no su adversario. Para someter a este
adversario, el gobierno necesita de un ejército

fuerte y permanente como una institución fundamental.

Para ocultar esta función anti-nacional del ejército, para legitimar su existencia a los ojos del país, que lo forma con sus mejores hijos y con la mayor parte de su tesoro, se ocupa al ejército en guerras extranjeras, que no tienen a menudo más causa ni razón de ser que la de emplear el ejército, que es preciso mantener como instrumento de gobierno interior. Las guerras sobrevienen, porque existen ejércitos y escuadras; y los ejércitos y escuadras existen porque son indispensables y el único apoyo de los gobiernos que no son libres, es decir, del país por el país.

No hay prueba más compieta que la que esta verdad recibe del testimonio uniforme y constante de la historia.

Los países libres no tienen grandes ejércitos permanentes, porque no necesitan de ellos para ejercer sobre sí mismos su propia autoridad; y son los que viven en paz más permanente porque no necesitan guerras para ocupar ejércitos, que no tienen ni necesitan tener. Son ejemplos de esta verdad, la Inglaterra, los Estados Unidos, la Holanda, etc., y de la verdad contraria es una prueba histórica el ejemplo de todos los gobiernos tiránicos y despóticos, que viven constantemente en guerras suscitadas y sostenidas por sistema, para justificar dos misterios de política interior: la necesidad de mantener un fuerte ejército, que es toda la razón de su poder sobre el país; y un estado de crisis y de indisposición permanente que autorice el empleo de los medios excepcionales de formar y sostener el ejército y de suscitar las guerras que su empleo exterior hace necesarias.

Así, para llegar a la posesión y goce de una paz permanente, y suprimir, en cierto modo la guerra, el camino lógico y natural es la disminución y supresión de los ejércitos; y para llegar a suprimir los ejércitos, no hay otro medio que el establecimiento de la libertad del país entendida a la inglesa o la norteamericana, la cual consiste en el gobierno del país por el país; pues basta que el país tome en sus manos su propio gobierno, para que se guarde de prodigar su sangre y su oro en formar ejércitos para hacer guerras que se hacen siempre con la sangre y el oro del país, es decir, siempre en su pérdida y jamás en su ventaja.

X

(DIPLOMACIA DE OPRESION INTERNACIONAL)

Si el derecho interior, que organiza y rige al gobierno de un país, es de ordinario todo el secreto y razón de su política exterior, no es menos cierto que el derecho exterior o internacional es a menudo causa y razón de ser del derecho interno de un Estado.

Por el derecho internacional, es decir, por las alianzas, se hacen servir los ejércitos del extranjero a la supresión de la libertad interior, o lo que es igual, a la confiscación del gobierno del país por el país; y cuando no los ejércitos del extranjero, al menos su cooperación política, su acción indirecta de carácter moral y fiscal, al mismo objeto.

Tal ha sido en tiempos no remotos el derecho internacional de los gobiernos absolutos y despóticos: su última página fué el tratado de la Santa Alianza. Pero el derecho de ese *internacionalismo*, de esa diplomacia de opresión y de ruina para la libertad interior, fueron los tratados españoles y portugueses de los tiempos de Carlos V, Felipe II y posteriores reyes absolutos, de España y Portugal, sobre todo en lo concerniente a sus colonias de América, guardadas por esa legislación como claustros o posesiones cerradas herméticamente y en estado de guerra frecuente para el acceso del extranjero.

Esos son los tratados internacionales que se han reunido y publicado recientemente (por un americano!) con el nombre de *Tratados de los Estados de la América del Sud:*—los tratados españoles y portugueses, el derecho internacional de España y Portugal, de sus tiempos más atrasados y tenebrosos en materia de gobierno interior y exterior, los que un *republicano* (de Sud América, es verdad) ha reimpreso para utilidad y servicio de los gobiernos modernos de las Repúblicas de la América antes española.

Y algunos de estos gobiernos han costeado con gruesas sumas de su tesoro la exhumación de esos fósiles abominables y abominados, que la mano de la civilización moderna había enterrado en servicio de su causa.—Naturalmente, el gobierno del Brasil es uno de ellos. (1)

*

*

(1) Véase sobre esto la doctrina del art. 48 y su nota del "Deecho internacional codificado de Bluntschli" que dice:

"Los Estados Unidos de la América del Norte no están de pleno erecho obligados por los tratados concluidos por los reyes de Inglaterra on los Estados extranjeros, en la época en que las colonias de la América del Norte hacían aún parte del imperio británico."

Cap. VII.— El soldado de la paz

I

LA PAZ ES UNA EDUCACION

La paz es una educación como la libertad, y las condiciones del hombre de paz son las mismas que las del hombre de libertad.

La primera de ellas es la mansedumbre, el respeto del hombre al hombre, la *buena voluntad*, es decir, la voluntad que cede, que transige, que perdona.

No hay paz en la tierra sino para los hombres de buena voluntad.

Es por eso que los pueblos más severamente cristianos, son los más pacíficos y los más libres: porque la paz, como la libertad, vive de transacciones.

Disputar su derecho, era el carácter del hombre antiguo; abdicarlo en los altares de la paz con su semejante, es el sello del hombre nuevo.

No es cristiano, es decir, no es moderno, el hombre que no sabe ceder de su derecho, ser grande, noble, generoso,

No hay dos cristianismos: uno para los individuos, otro para las naciones.

La nación, que no sabe ceder de su derecho en beneficio de otra nación, es incapaz de paz estable. No pertenece a la civilización moderna, es decir, a la cristianidad, por su moral práctica.

La ley de la antigua civilización era el *derecho*. Desde Jesucristo la civilización moderna tiene por regla fundamental, lo que es *honesto*, lo que es *bueno*.

Ceder de su derecho internacional en provecho de otra nación, no es disminuirse, deteriorarse, empobrecerse. La grandeza del vecino, forma parte elemental e inviolable de la nuestra y la más alta economía politica concuerda en este punto del modo más absoluto con las nociones de la política cristiana, quiero decir, honesta, buena, grande.

Estas no son ideas místicas. La historia más real las confirma. Grecia y Roma, los paises del *derecho*, hicieron de la guerra un sistema político; la Inglaterra, la Holanda, la América del Norte, países cristianos, son los primeros que han hecho de la paz un sistema politico, una base de gobierno.

II

(EDUCACION DE LA VOLUNTAD PACIFICA)

Formad el hombre de paz, si queréis ver reinar la paz entre los hombres.

La paz, como la libertad, como la autoridad,

como la ley y toda institución humana, vive en el hombre y no en los textos escritos.

Los textos son a la ley viva, lo que los retratos a las personas; a menudo la imagen de lo que ha muerto.

La ley escrita es el retrato, la fotografía de la ley verdadera, que no vive en parte alguna cuando no vive en el hombre, es decir, en las costumbres y hábitos cuotidianos del hombre; pero no vive en las costumbres del hombre lo que no vive en su voluntad, que es la fuerza impulsiva de los actos humanos.

Es preciso educar las voluntades si se quiere arraigar la paz de las naciones.

La voluntad, doble fenómeno moral y físico, se educa por la moral religiosa o racional, y por afectos físicos que obran sobre la moral. Y como no hay moral que haya subordinado la paz a la buena voluntad tanto como la moral cristiana, se puede decir que la voluntad del hombre de paz es la voluntad del cristiano, es decir, la *buena voluntad*. La prueba de esta verdad nos rodea.

Llamamos bueno, no al hombre meramente justo, sino al hombre honesto, es decir, más que justo. Todo el cristianismo consiste, como moral, en la sustitución de la honestidad a la justicia.

La justicia está armada de una espada; el derecho es duro, como el acero; la honestidad está desarmada, y con eso solo, su poder no reconoce resistencia: es suave y dócil como el vapor, y por eso es omnipotente como el vapor mismo, que debe todo su poder a su aptitud de contraerse. No debe ser fuerte lo que no es capaz de compresión: ley de los dos mundos físico y moral.

La *buena voluntad*, que es la única predestinada a la paz, es la voluntad que cede, que perdona, que abdica su derecho, cuando su derecho lastima el bienestar de su prójimo. En moral como en economía, hacer el bien del prójimo, es hacer el propio bien.

Presentad la otra mejilla al que os dé un bofetón, es una hermosa e inimitable figura de expresión, que significa una verdad inmortal, a saber:—ceded en vez de disputar: la paz vale todas las riquezas; la bondad vale diez veces la justicia. Cambiar el bien por el bien, es hazaña de que son capaces los tigres, las víboras, los animales más feroces. Dar flores al que nos insulta, regar el campo del que nos maldice, es cosa de que sólo es capaz el hombre, porque sólo él es capaz de imitar a Dios en ese punto.

Todo el hombre moderno, el *hombre de Jesucristo*, consiste en que su voluntad tiene por regla la *bondad* en lugar de la justicia. El que no es más que justo, es casi un hombre malo. Se pueden practicar todas las iniquidades, sin sacar el pie de la justicia.

Bondad es sinónimo de *favor*, *concesión*, *beneficio*, y nada puede dar el hombre generoso de más caro que su derecho.

La buena voluntad en que descansa la paz de hombre a hombre, es la base de la paz de Estado a Estado. La voluntad cristiana, es la ley común del hombre y del Estado que desean vivir en paz.

III

(LA PAZ ESTA EN EL HOMBRE, O NO ESTA EN NINGUNA PARTE)

Pero la paz es la fusión de todas las libertades necesarias, como el color blanco, que la simboliza, es la fusión de los colores prismáticos.

Gloria a Dios en las alturas, y en la tierra libertad a los hombres de buena voluntad: es una traducción de la palabra del Evangelio, que se presta a las aseveraciones de la política más alta y positiva.

La *paz* significa el or*den;* pero el orden no es orden sino cuando la *libertad* significa *poder.* Regla infalible de política: — la voluntad que no está educada para la paz, no es capaz de libertad, ni de gobierno.

El *poder* y la *libertad* no son dos cosas, sino una misma cosa vista bajo dos aspectos. La *libertad* es el poder del *gobernado*, y el poder es la libertad del gobernante; es decir, que en el ciudadano el poder se llama libertad, y en el gobierno la libertad se llama facultad o poder.

Pero el *poder,* en cuanto *libertad,* no se nivela o distribuye de ese modo entre el gobernante y el gobernado, sino mediante esa *buena voluntad* que es el resorte de la paz y del orden; de esa voluntad buena y mansa que háce al gobernante más que justo, es decir, honesto, y al gobernado honesto, manso también, es decir, más que justo.

Así, el tipo del hombre libre es el hombre de paz y de orden; y el tipo del hombre de paz es el hombre de *buena voluntad*, es decir el bueno, el manso, el paciente, el noble.

Sólo en los países libres he conocido este tipo del ciudadano manso, paciente y bueno; y en los Estados Unidos, más todavía que en Inglaterra y en Suiza. En todos los países sin libertad, he notado que cada hombre es un tirano.

Es lo que no quieren creer los hombres del tipo greco-romano: que el hombre de libertad, tiene más del carnero que del león, y que no es capaz de libertad sino porque es capaz de mansedumbre. Amansar al hombre, domar su voluntad animal, por decirlo así, es darle la aptitud de la libertad y de la paz, es decir del gobierno civilizado, que es el gobierno sin destrucción y sin guerra.

Los cristianos del día no son guerreros sino porque todavía tienen más de romanos y de griegos, es decir, de paganos, que de germanos y cristianos.

La misión más bella del cristianismo no ha empezado; es la de ser el código civil de las naciones, la ley práctica de la conducta de todos los instantes.

Quién lo creyera! Después de mil ochocientos sesenta y nueve años el cristianismo es un mundo de oro, de luz y de esperanza que flota sobre la cabeza de la humanidad: una especie de platonismo celeste y divino, que no acaba de convertirse en realidad. El siglo de oro de la moral cristiana no ha pasado; todo el porvenir de la humanidad pertenece a esa moral divina que hace de la voluntad honesta y buena la única senda para llegar a ser libre, fuerte, estable y feliz.

La paz está en el hombre, o no está en ninguna parte. Como toda institución humana, la paz no tiene existencia si no tiene vida, es decir, si no es un hábito del hombre, un modo de ser del hombre, un rasgo de su complexión moral.

En vano *escribiréis* la paz, para el hombre que no está amoldado en ese tipo por la obra de la educación; su paz escrita, será como su libertad escrita: la burla de su conducta real.

Dejadme ver dos hombres, tomados a la casualidad, discutir un asunto vital para ellos, y os digo cual es la constitución de su país.

Cap. VIII.— El soldado del porvenir

I

EL SOLDADO Y EL VERDUGO PUEDEN SUPRIMIRSE)

Si hay motivo para tener en menos el oficio de verdugo, no obstante su honesto fin de ejecutar los fallos de la sociedad que se defiende contra el crimen, no hay razón para mirar de otro modo al soldado. El rol de los dos en el fondo es idéntico, y si alguna diferencia real existe, es en favor del verdugo; pues si es raro que en cien ejecuciones haya dos en que el verdugo no purgue a la sociedad de un asesino o de un bandido, más raro es todavía que en cien guerras haya dos en que el soldado mate con justicia al enemigo de su soberano.

Si el rol del verdugo nos causa disgusto, es que la pena de muerte repugna a la naturaleza y excede siempre al crimen más grande por sus proporciones.

La sociedad rehabilita al asesino matándolo,

es decir, matando como él, y de ello es un testimonio la simpatía pública que excita el ajusticiado. Para agrandar el error que el asesinato inspira, la sociedad debe dejar al asesino el monopolio de ese horror. De ese modo el homicidio y el asesinato serán idénticos y sinónimos.

Dejar vivir al asesino es prolongar su castigo sin horrorizar a la sociedad.

La impunidad no existe en el orden moral de la naturaleza, sino cuando el criminal queda desconocido: aun entonces lleva en su alma la voz de ese juez del crimen que se llama la conciencia. Si el criminal es conocido y declarado tal por la sociedad entera, su castigo está asegurado con eso solo. El será tan largo como su existencia ignominiosa y miserable, porque en todas partes se hallará recibido con el horror que inspiran los tigres y 'las serpientes.

En lo criminal como en lo político, la luz es el control de los controles.

Asegurad al delito y al delincuente, al crimen y al criminal, toda la publicidad de que es capaz un acto humano, y no os ocupéis más de la pena material. La prensa, el telégrafo, la fotografía, la pintura, el mármol, todos los medios de publicidad deben ser aplicados a la sentencia del hombre y de la fisonomía del criminal; y las naciones se deben cambiar esos registros o protocolos del crimen, para no dejarle asilo ni medio alguno de impunidad.

Que la penalidad humana tiende a esos destinos no hay la menor duda. Lo prueba ya la desaparición de muchos castigos horribles, que las generaciones pasadas consideraban como indispensables a la defensa del orden social. No por eso la criminalidad se ha multiplicado; al contrario, ella ha disminuido; y no hay por qué dudar, en vista de ese precedente, que la extinción absoluta de los castigos sangrientos en un porvenir más feliz de la humanidad, no sea seguida de una disminución casi absoluta de los crímenes capitales.

Así, el tribunal, el juez que necesita el mundo, y que ha de tener un día mediante sus progresos indefinidos, no es el juez que *castiga*, sino el juez que *juzga*, el juez que *condena*, el juez que *infama* por su condenación, el juez que *excomulga* de la *conciencia de los honestos, de los buenos*, de los *dignos*, de los *civilizados*.

Eso basta para el castigo del crimen y de los criminales de la guerra, y para la pacificación gradual y progresiva del mundo.

Ese juez se forma y constituye a medida que el mundo se consolida y centraliza por los mil brazos de la civilización moderna.

II

(LOS PROFESIONALES DE LA GUERRA)

Soldado y guerrero no son sinónimos.

El soldado, en su más noble y generoso ról, es el guardián de la paz, pues su instituto es mantener el orden, que es sinónimo de paz, no el desorden, que es sinónimo de guerra.

El soldado es el auxiliar del juez, el brazo de la ley, el héroe de la paz, y Wáshington es su más ·cabal personificación moderna.

Hacer de la guerra **una** profesión, **una** carrera de vivir, como la medicina, el derecho, etc., es una inmoralidad espantosa. Ningún militar sensato osaría decir que su profesión es la de matar hombres por mayor y en grande escala. Luego la guerra es la parte excepcional y extrema de la carrera del soldado, que naturalmente es más noble y brillante cuanto menos batallas cuenta. Si esto no fuese una verdad, la gloria del general Wáshington no sería más grande que la del general Bonaparte.

Hacer de la guerra la profesión y carrera del soldado, en una democracia, es convertir la guerra en estado permanente y normal del país.

Ejemplo de esto, la democracia de las Repúblicas de Sud América.

El soldado no tiene más que un pensamiento, que absorbe su vida: llegar a ser general; y como no se ganan los grados sino en los campos de batalla ,la guerra viene a ser para toda una clase del Estado una manera de elevarse a los honores, al rango, a la riqueza; y si el rango y los grados elevados, productivos de grandes salarios, son un privilegio vitalicio del militar, la guerra viene a ser la reina de las industrias del país, pues no sólo produce rango y riquezas sino privilegios vitalicios de una verdadera aristocracia.

Así se explica que la guerra en Méjico, en el Perú, en el Plata, ha sido crónica en este siglo y en lugar de producir instituciones libres como ha blasonado tener por objeto, ha producido generales por centenares, es decir, otra aristocracia en lugar de la destruída por la revolución contra España.

III

(EL SOLDADO ES UN VERDUGO INTERNACIONAL)

En la guerra, considerada como un *crimen*, los soldados y agentes que la ejecutan son cómplices del soberano que la ordena. (1)

En la guerra considerada como un acto de justicia penal, el soldado ejecutor del castigo hace el papel de verdugo internacional. Su papel puede ser legal, útil, meritorio; pero no es más brillante que el del que ejecuta los fallos con que la justicia criminal ordinaria venga a la sociedad ultrajada. El verdugo no es más que el soldado de la ley penal ordinaria; y si los fallos que pone en obra son justos y útiles, no hay razón para que el verdugo no sea acreedor a los honores extremos con que los soberanos cubren los miembros ensangrentados de sus verdugos internacionales.

Asimilad la justicia criminal internacional a la justicia criminal ordinaria, y bastará eso sólo para que el papel del soldado ejecutor de los estragos de la guerra se equipare al del verdugo, si la guerra es legal y justa; o al del asesino y ladrón, por complicidad, si la guerra es un crimen; o al papel de las bestias de combate, si la guerra es un juego de azar, llamada a resolver, con los ojos vendados y con la punta de la espada, las cuestiones que no encuentren solución racional, ni juez que la dé.

Si el verdugo internacional merece condecora-

---

(1) Ved Grocio, tom. 3, pág. 228, párr. III.

ciones y cruces, por su servicio de justicia, no
las merece menos el verdugo, que ejecuta las de-
cisiones de la justicia criminal ordinaria en defensa de la sociedad.

Honrar al ejecutor en grande, y deshonrar al
ejecutor en pequeño, es el colmo de la iniquidad: sólo el *derecho* de la guerra puede hacer
tal injusticia.

Ya el olfato de la democracia se apercibe con
razón que el oro de las cruces es para cubrir
la sangre, como los perfumes en los climas
ecuatoriales para disimular la putrefacción.

Cada cruz es una matanza y un entierro de
miles de hombres.

Es el más condecorado el que ha quitado más
vidas en la tierra.

IV.

(EL VERDADERO HONOR ESTA EN NO MATAR)

El hombre de espada no tiene más que un
modo de ilustrar su carrera terrible en lo futuro, y es el de no desnudarla jamás de la vai-
na.

La espada virgen, que tanto ha dado que reir
a la comedia, es la única digna de los honores del soldado del porvenir.

Junto con la guerra, el hombre de guerra
tiende a desaparecer con su oficio tétrico, ante
los progresos de la santa y noble democracia armada, como el apóstol, de las armas de la luz.

Desde la aurora del derecho internacional
moderno, ya se descubría bajo la pluma de

Grocio, esta dirección futura de la carrera militar. Dedicando su *Derecho de la Guerra* a Luis XIII, le decía:—«Cuán bello, cuán glorioso, cuán dulce a nuestra conciencia, será el poder decir con confianza, cuando un día os llame Dios a su Reino: Esta espada que he recibido de vuestras manos para defender la justicia, yo os la devuelvo inmaculada de toda sangre temerariamente vertida, pura e inocente.

Como la espada de *Damocles* la de la democracia debe amenazar siempre y no herir jamás.

Y si el honor de no haber quitado vida alguna fuese deslucido y poco glorioso al soldado de la civilización, quiere decir que no le queda otro que el que es muy justo conceder por un título opuesto al verdugo que más servicios ha hecho a la sociedad, decapitando centenares de asesinos.

Un síntoma del porvenir de la espada como carrera, es la decadencia creciente de su prestigio romano y feudal, en las Repúblicas y democracias modernas.

Ya en América se regimentan los soldados, como los verdugos, en las cárceles y presidios, porque el oficio de matar y enterrar, aunque sea en nombre de la justicia, repugna a la dignidad humana.

Abolidas por la democracia, las distinciones y honores dejan de ser un recurso para cubrir con un exterior fascinador los pechos y brazos de los verdugos de las naciones bañados en sangre humana.

V.

(LA GUARDIA NACIONAL DE LA HUMANIDAD)

Hay un soldado más noble y bello que el de la guerra: es el soldado de la paz. Yo diría que es el único soldado digno y glorioso. Si la bella ilusión querida de todos los nobles corazones, de la paz universal y perpetua, llegase a ser una realidad, la condición del soldado sería exactamente la del soldado de la paz.

Así, *soldado* no es sinónimo de *guerrero*. Los mismos romanos dividían la *milicia* en *togada* y *armada*. No es mi pensamiento que todo soldado se convierta en abogado; sino que el soldado no tenga más misión ni oficio que defender la paz.

La misma guerra actual, para excusar su carácter feroz, protesta que su objeto es la paz.

El soldado necesitaría de su espada para defender la neutralidad de su país, es decir, que el suelo sagrado en que ha nacido no sea manchado con sangre humana, ni profanado con el más desmedido o inconmensurable de los crímenes.

El día que dos pueblos que se dan el placer. de entre destruirse, como dos bestias feroces, no encuentren sino malas caras y desprecio por todas partes entre el mundo honesto que los observa escandalizado, la guerra perderá su carácter escénico y vanidoso, que es uno de sus grandes estímulos.

Como la sociedad civil se arma solo por defenderse del asesino, del ladrón, del bandido doméstico, ella podría no dar otro destino a sus ejércitos que el que tienen sus guardias civiles, municipales, campestres, nacionales, etc.

La civilización política no habrá llegado a su término, sino cuando el soldado no tenga otro carácter que el de un *guardia nacional de la humanidad.*

Los mejores ejércitos, los que han hecho más prodigios en la historia, son los que se improvisan ante los supremos peligros y se componen de la masa entera del pueblo, jóvenes y viejos, mujeres y niños, sanos y enfermos. Ante la majestad de ese ejército sagrado, la iniquidad del crimen de la guerra de agresión no tiene excusa; porque es seguro que un ejército así compuesto no será agredido jamás por otro de su misma composición.

La frontera es la expansión geográfica del derecho; límite sagrado de la patria, que el pie del soldado no debe traspasar, ni para salir ni para entrar; pues el medio de que no lo viole el soldado de fuera, es que no lo quebrante el soldado de casa.

El soldado debe ser el guardián de la patria, es decir, de la casa, del hogar; y el mejor y más noble medio de defender el hogar sin ser sospechado de agredir con pretextos de defeuderse, es no sacar el pie del suelo de la patria.

Así como la presencia del malhechor en casa ajena es una presunción de su crimen en lo civil, así todo Estado que invade a otro debe ser presumido criminal, y tenido como tal sin ser oído por el mundo hasta que desocupe el país ajeno. Quedar en él, con cualquier pretexto, es conquistarlo.

La frontera debe ser una barricada, si es verdad que toda guerra internacional tiende a ser considerada como una *guerra civil*. La barricada internacional es el remedio de los ejércitos internacionales, y el preservativo de las casernas y cuarteles.

VI

(CARACTER PACIFICO DEL SOLDADO DEL PORVENIR)

Hoy mismo existen síntomas expresivos del carácter pacífico del soldado del porvenir.

El soldado más inteligente de este siglo cuida de cubrir su rol terrible, con el exterior más humano, más blando, más caritativo, por decirlo así.

Comparad un soldado del Oriente bárbaro, con un soldado del Occidente civilizado: el primero es feroz, en la realidad tanto como en la apariencia: el otro es manso, inofensivo, culto, en lo exterior al menos.

El uno representa el tigre, el otro se asemeja al león.

En cuanto soldados, los dos representan, es verdad, la bravura animal de las bestias bravas.

Pero desde que el soldado más culto y civilizado comprende que necesita ser y aparecer manso y pacífico para ser respetable y honorable por su profesión, fácil es prever la dirección en que tiende a transformarse la carrera militar, a medida que la civilización cristiana extiende y arraiga sus dominios en el mundo.

El soldado moderno, educado por la libertad, se hará cada día más dueño de no hacerse cómplice de la guerra que la conciencia condena. (Ved Grocio, t. 3, pág. 228).

* *

I

(IMPORTANCIA DE LAS NACIONES NEUTRALES)

¿Quién representa hoy día la *neutralidad?* La generalidad, la mayoría de las naciones que forman la sociedad-mundo.

Los neutrales que en la antigüedad fueron nada, hoy lo son todo. Ellos forman el *tercer estado* del género humano, y ejercen o tienen la soberanía moral del mundo.

¿Qué objeto tiene la ley que mata al asesino de otro hombre? No es resucitar al muerto, ciertamente. Es el de impedir que el asesino repita su crimen en otro hombre vivo, y que su ejemplo sea imitado por otro hombre. Esos *otros*, que no son el *asesino* y la *víctima*, son los *neutrales* de su combate singular, es decir, todos los hombres que forman la sociedad extraña y ajena a ese combate.

Prescindir del neutral al tratar de la guerra, es prescindir del juez y del ofendido al tratar del crimen privado o público, es decir, de la sociedad insultada por el crimen y defendida por la pena del criminal.

La parte ofendida en todo crimen es la sociedad, y esa es la razón por que la sociedad reclama el castigo del criminal en su defensa. En el derecho de la víctima, hollado, la sociedad ve una amenaza al derecho de todos los demás miembros de la sociedad, es decir, de *los neutrales*, de los que no han tenido parte activa en el combate criminal, que sin embargo, los afecta.

Y así como nadie es neutral en la riña de dos hombres, ningún Estado lo es en la guerra de dos naciones, en el sentido siguiente: que si no todos son actores en la guerra, todos al menos sufren sus efectos morales y materiales.

Luego la sociedad-mundo tiene un derecho derivado del interés de su conservación, si no para tomar parte en la guerra (lo cual sería contradictorio), al menos para hacer todo lo que está en su mano para desaprobarla, condenarla moralmente, castigarla por gestos, por actitudes, por toda clase de demostraciones antipáticas.

Cuando Roma era el mundo, no podía haber neutrales si Roma entraba en guerra. Era su enemiga la nación que no era su aliada: estaba contra Roma el que no estaba con Roma. Y como fuera de Roma no había *naciones*, sino *bárbaros*, no podía existir derecho internacional donde sólo había una nación. Así, Roma llamaba *derecho de gentes*, es decir, derecho romano relativo a los extranjeros o bárbaros, a lo que se ha llamado *derecho internacional* desde que ha habido muchas naciones iguales en civilización y en fuerza, en lugar de una sola.

Quiénes son desde entonces los neutrales en toda guerra? Todo el mundo, es decir, los que no son beligerantes.

Grocio, sin embargo, ha olvidado el todo por la parte, gobernado sin duda por el derecho romano, que prescindió de los neutros, por la sencilla razón de que no existían entonces; pues Roma era el mundo entero, y fuera de Roma no había sino *esclavos, colonos y bárbaros*.

Con razón observa Wheaton que ni siquiera existe en la lengua de la legalidad romana la palabra latina que responda a la idea de neutralidad o neutro.

La palabra ha nacido con el hecho el día que la *ciudad-mundo* se ha visto reemplazada por el mundo compuesto de una masa innumerable de naciones iguales en poder y en derecho, como el hombre de que se componen.

Los *neutrales* son entonces en la gran sociedad de la humanidad lo que es la mayoría nacional y soberana en la sociedad de cada Estado.

La neutralidad no solo tiende a gobernar el mundo internacional, sino que penetra en el corazón de cada Estado, bajo la égida de la libertad de pensar, de opinar y escribir.

A la localización de la guerra va a suceder la sub-localización de esta misma, en una función oficial del gobierno, que puede condenar y eludir todo ciudadano libre, no en interés del enemigo sino del propio país, **no por** traición, sino por lealtad viril e independiente.

Las nociones del patriotismo y la traición deben modificarse por el derecho de gentes humanitario, en vista de los destinos que han cabido a los creadores del derecho internacional, moderno, todos ellos proscriptos y acusados de traición por un patriotismo *chauvin* y antisocial. Alberico Gentile, Grocio, Bello, Lieber, Bluntschli, ciudadanos del mundo, como el Cristo y sus apóstoles, han encontrado el derecho internacional moderno en el suelo de la peregrinación y el destierro en que los echó la ingratitud estrecha de su patria local. Así, el patriotismo en el sentido griego y romano, es decir, *chauvin*, ha muerto por sus excesos. El ha creado el cosmopolitismo, es decir, el patriotismo universal y humano.

II

(LA SOLIDARIDAD DE INTERESES INTERNACIONALES Y LA NEUTRALIDAD)

Los romanos no conocían la palabra *neutralidad*, o la aptitud que esta palabra representa, y tenían razón, en cierto modo, porque no hay neutralidad ni neutrales ante dos o más naciones que se hacen la guerra.

La solidaridad de intereses, la mancomunidad de destinos de todos los países que viven relacionados por el suelo o por los cambios de servicios, es tan grande, que ella excluye, por falta de verdad, la idea de que puede ser ajeno a la guerra de dos pueblos un tercer pueblo que vive en relación con ellos.

Las personas pueden ser relativamente neutrales o ajenas a la contienda; los intereses no dejan nunca de ser beligerantes para las consecuencias dañinas de la guerra, por extranjera que ella sea y por ajena que parezca.

Pero donde sufren los intereses de los hombres ¿no sufren los hombres mismos?

Toda la neutralidad se reduce a sufrir los efectos de la guerra como un beligerante indirecto, sin hacer activamente esa guerra por las armas.

Si todos sufren los efectos de la guerra, — beligerantes y neutrales, — todos tienen igual derecho a intervenir en ella, para evitar sus efectos nocivos cuando menos.

La intervención, en este caso, es la defensa propia, el primero de los derechos naturales del hombre colectivo.

Ellos eran el mundo. En sus guerras nadie era ni podía ser neutral.

Lo que eran entonces los romanos, que así entendían y practicaban el derecho de gentes, está hoy representado por la totalidad de la Europa civilizada, no por tal o cual nación poderosa.

Ese derecho existe, no en algunos casos, sino en todos los casos de guerra, y los romanos tenían razón en mezclarse en todas las guerras de su tiempo, porque ellos eran entonces la mayoría del mundo civilizado, y representaban el derecho de la sociedad humana en general.

Todo lo que hoy forma el mundo civilizado, en el viejo continente,—la Europa, el Asia y el Africa, formaba geográficamente el mundo de los romanos. No eran un pueblo: eran un mundo,—el *pueblo-mundo*, que tiende a reconstruírse, en otra forma, sobre la base de la autonomía nacional de los numerosos pueblos independientes y separados que han sucedido al pueblo romano en la ocupación de sus antiguos dominios territoriales.

Los estados modernos, aunque independientes, forman un solo mundo por la solidaridad de los intereses que los relacionan y ligan indisolublemente.

Esta solidaridad, que se agranda y fortifica con los progresos de la civilización, excluye la idea de que un pueblo pueda ser neutral o ajeno del todo a la guerra en que dos o más pueblos de la gran sociedad humana hieren intereses que son de toda la comunidad dicha neutral, no solamente de los dos estados dichos beligerantes.

III

(COALICION DE LOS NEUTRALES PARA IMPONER LA PAZ)

Los neutrales que no saben armarse para imponer la paz en su defensa, merecen ⸢perder la soberanía que no saben defender ni hacer respetar.

Sólo la impotencia física puede ser su excusa; pero siendo ellos la mayoria de los pueblos de un continente, su impotencia nace de su aislamiento y desunión, es decir, de una falta de que son responsables ellos mismos ante la ci-

vilización común y ante el interés bien entendido de cada uno.

La neutralidad que no es armada no es neutralidad, porque su debilidad la subyuga al
beligerante a quien estorba. Pero como no hay
arma capaz de sustituir a la unión en poder,
la neutralidad será siempre una quimera si
no es la actitud general y común del mundo
entero, ligado o entendido a ese fin por un
pacto tácito o expreso.

El día que la neutralidad se constituya, ar-
me y organice de este modo, la paz del mundo
dejará de ser una utopía.

Esa liga, felizmente, esa organización vendrá por sí misma, como resultado espontáneo
y lógico de la coexistencia de muchos estados
ajenos a la razón local o parcial que pone en
guerra a dos o más de ellos. Si esa asociación no ha existido en otros tiempos, es porque no existían los asociados de que debía formarse la liga. No había más que un estado;
era Roma. Era el mundo romano. Cuando
Roma hacía la guerra, había beligerantes, pero
no neutrales; o más bien que una guerra, en
el sentido actual de esta palabra, era el proceso y el castigo que el mundo romano infligía
al pueblo extranjero que se hacía culpable
de infidencia o agresión a su respecto.

Los neutrales dejarán de serlo a medida que
adquieran el sentimiento de que son el mundo, y que la parte ofendida en toda guerra son
ellos mismos, es decir, la sociedad humana, como en cada estado lo es la sociedad del país,
para toda riña armada y sangrienta entre dos
o más de sus individuos.

Lo que ha oscurecido hasta aquí el derecho del mundo neutral o no beligerante a ejercer una intervención judicial en toda contienda violenta en que el derecho universal es atacado, es el error de considerar el derecho de gentes como un derecho aparte y distinto del que protege la persona de cada hombre en la sociedad de cada país.

El derecho es uno y universal, como la gravitación. Cada cuerpo gravita según su forma y sustancia, pero todos gravitan según la misma ley. Del mismo modo todas las criaturas humanas obedecen en las relaciones recíprocas en que su naturaleza social las hace vivir a un mismo derecho, que no es sino la ley natural según la cual se producen y equilibran las facultades de que cada hombre está dotado para proveer a su existencia. El derecho de cada hombre expira donde empieza el derecho de su semejante; y la justicia no es otra cosa que la medida común del derecho de cada hombre.

El mismo derecho sirve de ley natural al hòmbre individual que al hombre colectivo; a la persona del hombre para con el hombre, y a la persona del Estado (que no es más que el hombre visto colectivamente) para con el Estado.

En virtud de esa generalidad del derecho, todo acto en que un hombre lo quebranta en perjuicio de otro hombre, es un doble ultraje hecho al hombre ofendido y a la sociedad toda entera, que vive bajo el amparo del derecho; y todo acto en que un estado lo quebranta en daño de otro estado, es igualmente un doble atentado contra este estado y contra la sociedad entera de las naciones, que vive bajo la custodia de ese mismo derecho.

De ahí, es la sociedad nacional la misma autoridad para intervenir en la represión de las violencias parciales en que es atropellado el derecho internacional o universal, que asiste a la sociedad en cada estado para intervenir en. la represión de las violencias parciales, cometidas contra el derecho común en perjuicio inmediato y directo de un individuo.

Es Grocio mismo, padre del derecho internacional moderno, el que enseña esta doctrina que alarma a los que sólo se preocupan de la independencia o libertad exterior de los estados, sin atender a la institución de una autoridad común de todos ellos que debe servir de garantía a la independencia de cada uno.

Bien puede suceder (y es la razón plausible de esa aberración) que esa autoridad, antes de ser liberal o protectriz de la libertad de cada estado, empiece por ser arbitraria y despótica; pero ¿existe sobre la tierra autoridad alguna, por justa y liberal que sea, que no haya empezado por ser despótica?

El despotismo no es un derecho, no es un bien; es al contrario un mal, pero un mal que es como la condición inevitable y natural de todo poder humano, por legítimo que sea.

Si por el temor de ver disminuida la independencia de los estados, se resiste a la institución de una autoridad común del mundo para todos ellos, la guerra y la violencia tendrán que ser la ley permanente de la humanidad, porque a falta de juez común, cada estado tendrá que hacerse justicia a sí mismo, lo que vale decir injusticia a su enemigo débil.

Y para evitar el despotismo inofensivo de todos, cada uno estará expuesto al despotismo terrible de cada uno.

IV

(LA IMPARCIALIDAD DE LOS NEUTRALES)

Uno de los elementos contrarios a la guerra, en cuanto sirven a la constitución de una soberanía universal llamada a reemplazarla en la decisión de los conflictos parciales de los pueblos, es, pues, el desarrollo de más en más creciente de esa tercera entidad que se llama los *neutrales;* esa otra actitud, diferente del *estado de guerra*, la cual se llama *neutralidad*, y envuelve esencialmente la segunda condición del juez, que es la *imparcialidad*.

Los *neutrales*, que son aquellos que no se ingieren ni participan de la guerra, son los jueces naturales de los beligerantes por tres razones principales: — Primera: porque no son parte en el conflicto. Segunda: porque son capaces, a causa de su ingerencia en la guerra, de la imparcialidad que no puede tener el beligerante. Tercera: porque los neutrales representan y son la sociedad entera del género humano, depositaria de la soberanía judicial del mundo,—mientras que los beligerantes, son dos entes aislados y solitarios, que sólo representan el desorden y la violación escandalosa del derecho internacional o universal.

El derecho soberano del mundo neutral se hace cada día más evidente, por la apelación instintiva que hacen a él, los mismos estados que pretenden resolver sus pleitos por la guerra. Ellos dudan de la justicia de sus medios de solución, cuando apelan al juez competente.

Así, el desarrollo del derecho o la autoridad de los neutros, significa la reducción y disminución del derecho pretendido de los beligerantes; y si no significa eso, no significa nada.

Ese doble movimiento inverso, es un progreso de civilización política.

El poder de los neutros, se desarrolla por sí mismo, porque no es más que la difusión y la propagación del poder en los pueblos, que hasta aquí han vivido impotentes y despreciados de los fuertes; y la difusión del poder no es más que la propagación y vulgarización de la riqueza, de la inteligencia, de la educación, de la cultura, que los pueblos más adelantados trasmiten a los otros, para las necesidades mismas de su propia existencia civilizada.

La idea de *neutralidad* supone la de la *guerra*. Si no hubiese *beligerantes*, no habría *neutrales*. Pero este aspecto de la guerra, visto desde el punto del que no participa de ella, es ya un progreso, porque ya es mucho que haya quien pueda ser un espectador de la guerra sin estar forzado a tomar en ella una parte.

La existencia de esa tercera entidad se ha hecho posible desde que el poder ha dejado de ser el monopolio de un pueblo solo. Y la producción o aparición de esa entidad pacífica en faz de dos entidades en guerra, ha puesto a la humanidad en el camino que conduce al hallazgo de un juez imparcial para la decisión de las cuestiones que no pueden ser resueltas con justicia por la fuerza brutal de las partes interesadas.

Multiplicad el número de los neutrales y su importancia respectiva y dáis fuerza con eso solo a la tercera entidad, que un día será el juez competente y exclusivo de los beligerantes, porque esa tercera entidad neutral no es otra cosa que el mundo entero, menos dos o tres de sus miembros constitutivos.

Generalizar la neutralidad, es localizar la guerra, es decir, aislarla en su monstruosidad escaudalosa, y reducirla poco a poco a avergonzarse de ella misma en presencia del mundo digno y tranquilo, que la contempla horrorizado desde el terreno honroso del derecho universal.

Los neutrales son la regla, es decir, la expresión de la ley o del derecho, que es la regla; los beligerantes son o representan la excepción a la regla, es decir, el desvío y salida de la regla.

El mundo debe ser gobernado por la regla, no por la excepción; por los neutrales, no por los beligerantes.

Cuando los *neutrales* hayan llegado a ser todo el mundo, la idea de neutralidad dará risa, como daría risa hoy día el oír llamar neutral a todo el pueblo de que se compone un Estado, considerado en su actitud de no participación en la riña ocurrida entre dos de sus individuos.

V

(EL DERECHO DE LOS NEUTRALES ES EL DERECHO DE LA HUMANIDAD)

Así, la justicia de la guerra, es atribución exclusiva del neutral, es decir, del que no es beligeránte ni parte directamente interesada en el debate.

Y como no hay guerra que pueda ser universal; como toda guerra, de ordinario, es un duelo singular de dos o tres Estados, se sigue que el *neutral* a ese debate, no es ni más ni menos que todo el género humano.

Así, lo que se toma como extensión creciente del derecho de los neutros, no es más que el desarrollo del derecho del mundo no beligerante a ser juez de los debates locales de sus miembros.

El mundo no es neutral sino en cuanto deja de ser beligerante en un encuentro dado; como el Estado es neutral porque es ajeno al choque singular de los individuos de su seno.

Pero la neutralidad no es sino guerra, si se la considera como la indiferencia o el desinterés absoluto; pues así como el Estado hace suyo, porque lo es, el interés y el castigo de todo crimen privado, la sociedad del género humano o los neutros, son los realmente interesados y competentes para intervenir en la defensa del derecho violado contra ella misma en la persona de uno de sus miembros.

Sin duda que es un progreso el desarrollo

del derecho de los neutros comparado con el tiempo en que la neutralidad o imparcialidad era imposible, cuando Roma que era el mundo, poniéndose en guerra con un enemigo, no dejaba a su lado un solo espectador desinteresado en la lucha.

Pero la neutralidad es un progreso relativo que no tarda en convertirse en un atraso relativo.

Sin faltar a su deber y abdicar su derecho, el mundo no puede ser neutral en una guerra que lo daña aunque no sea beligerante.

La neutralidad es el egoismo, es la complicidad, cuando por ella abdica el mundo su derecho de impedir y resistir un choque violento y arbitrario en que el derecho general de la humanidad es vulnerado de una y otra parte.

¿Qué se diría de un juez, que ante el encuentro culpable de dos hombres, se declarara neutral y les dejase despedazarse? Que se hacía cómplice del delito ante la sociedad ofendida y traicionada por él.

Que el mundo neutral no posea los medios de ejercer su soberanía judicial contra los Estados que se hacen culpables del crimen de la guerra, no quita eso que le asista ese derecho soberano; y ya es poco, en el sentido de la adquisición de esos medios, el reconocimiento del derecho del mundo a ponerlos en ejercicio; como en la historia del derecho interno de cada Estado, el reconocimiento del principio de la soberanía popular ha precedido a la toma de posesión y ejercicio de esa soberanía.

Así, el desarrollo del derecho o autoridad de los neutros, es decir, del mundo entero, menos uno o dos estados en guerra, es el principio de la formación de un juez universal, con la imparcialidad esencial de todo juez para regular y decidir las contiendas entregadas hoy a la fuerza propia y personal de cada contendor interesado.

La neutralidad representa la civilización internacional, como única depositaria de la justicia del mundo.

VI

(NEUTRALIDAD E INTERNACIONALISMO)

Si en tiempo de los romanos la idea de un Estado esencialmente neutral por sistema, como en la *Suiza*, la *Bélgica*, los *Principados Unidos*, hubiera dado que reír por absurda, ¿por qué no llegaría un día en que lo que hoy es excepción, viniese a ser la regla de vida normal de todos los Estados? ¿Por qué sus territorios no serían todos neutralizados, a punto de no dejar a la guerra un palmo de tierra en el mundo en que poner su pie?

Tal sería el resultado que produciría en la condición de los pueblos la abolición de la guerra.

Un pueblo neutralizado, es como un pueblo internacional, patria en cierto modo de todo hombre de paz.

Esos son los pueblos llamados a formar la sociedad internacional o el pueblo-mundo, a su imagen de ellos,

El rey de los belgas, Leopoldo I, no debió a su carácter todo su rol de juez de paz de los pueblos, sino a la condición neutral de su país. No quedaría otro rol a los soberanos todos del mundo el día que fuese neutralizada la tierra.

Como hay pueblos internacionales, también hay hombres internacionales; y son éstos los que han formado o formulado el derecho internacional moderno.

VII

(CONSECUENCIAS LOGICAS DE LA EXTRATERRITO-RIALIDAD)

La *extraterritorialidad*, o el beneficio por el cual cada Estado se considera incompetente para ser juez de los representantes de otro Estado, en el caso mismo de tenerlos en su territorio, podría verse como la premisa de una gran consecuencia lógica, a saber:—que si el Estado A, no tiene jurisdicción sobre el Estado B, aun dentro de su territorio de A, menos puede tenerla dentro del territorio de B; el que ni en su suelo propio tiene su jurisdicción sobre el representante del Estado extranjero, menos puede tener una jurisdicción absoluta en el suelo del extranjero, no sólo sobre el representante, sino sobre el Estado mismo que él representa.

Lo contrario, dá lugar a este absurdo ridículo:—que el mismo que renuncia su jurisdicción sobre el soberano extraño que habita en casa, cuando están en paz, se arma de una jurisdicción de su hechura, la más absoluta, para juzgar al *soberano* extranjero en su territorio extranjero, el día que la paz deja de existir entre uno y otro.

Un derecho que existe o deja de existir, según el buen humor del que pretende poseerlo, no es un derecho sino un despotismo.

Entre el privilegio de extraterritorialidad que un Estado concede a otro Estado extranjero, dentro de su propio suelo, y el privilegio que ese primer Estado se concede a sí mismo de entrar en el suelo extranjero de su ex-amigo y manejarse en él como en su propio territorio, el día que está enojado, lo justo sería renunciar a los dos privilegios y reducirse al simple respeto del derecho, que asegura a cada Estado la inviolabilidad de su territorio por el otro Estado, en tiempo de guerra como en tiempo de paz; exactamente como según el derecho civil común, la casa de un ciudadano es inviolable para otro ciudadano, en el caso mismo en que este último abunde del derecho de quejarse.

Si la libertad individual es paradoja cuando el hogar no es inviolable, la libertad individual o independencia del Estado es un sofisma si su territorio deja de ser inviolable.

Solo el mundo, en su interés general, tiene el derecho de *allanar* esa inviolabilidad, en el caso excepcional de un crimen que le autorice a buscar su defensa o su seguridad por ese requisito extremo y calamitoso.

I

DERECHOS INTERNACIONALES DEL HOMBRE

Las personas favoritas del derecho internacional son los Estados; pero como éstos se componen de hombres, la persona del hombre no es extraña al derecho internacional.

Son miembros de la humanidad, como sociedad, no solamente los Estados, sino los individuos de que los Estados se componen.

En último análisis el hombre individual es la unidad elemental de toda sociedad humana; y todo derecho, por colectivo y general que sea, se resuelve al fin en último término en un derecho del hombre.

El derecho internacional, según esto, es un derecho del hombre, como lo es del Estado; y si él puede ser desconocido y violado en detrimento del hombre lo mismo que del Estado, —tanto puede invocar su protección el hombre individual, como puede invocarlo el Estado, de que es miembro el hombre.

Quien dice invocar el derecho internacional, dice pedir la intervención de la sociedad internacional o del mundo, que tiene por ley de existencia ese derecho, en defensa del derecho atropellado.

Así, cuando uno o muchos individuos de un Estado son atropellados en sus derechos internacionales, es decir, de miembros de la sociedad de la humanidad, aunque sea por el gobierno de su país, ellos pueden, invocando el derecho internacional, pedir al mundo que lo haga respetar en sus personas, aunque sea contra el gobierno de su país.

La intervención que piden, no la piden en nombre del Estado: sólo el gobierno es órgano para hablar en nombre del Estado. La piden en su nombre propio, por el derecho internacional que los protege en sus garantías de libertad, vida, seguridad, igualdad, etc.

Así se explica el derecho del mundo a intervenir por la abolición de la esclavitud civil, crimen cometido contra la humanidad.

Y como la esclavitud política no es más que una variedad de la confiscación de la libertad del hombre, llegará día en que también ella sea causa de intervención, según el derecho internacional, en favor de la víctima de la tiranía de los gobiernos criminales.

Se han celebrado alianzas de intervención en favor de los poderes, que se han llamado *alianzas santas;* ¿por qué no se celebrarían con el objeto de sostener las libertades del hombre y colocarlas bajo la custodia del mundo civilizado de que es miembro?

La musa de la libertad ha tenido la intuición de estos principios cuando Beranger ha saludado la *santa alianza de los pueblos.*

II

PUEBLO-MUNDO

La idea de que puede haber dos justicias, una que regla las relaciones del romano con el romano, y otra que regla las relaciones jurídicas del romano con el griego u otro extranjero, ha dado lugar a la confusión que existe en la rama del derecho que ha venido a ser con los progresos de la humanidad la más importante de todas, por ser la que regla las relaciones jurídicas de las naciones entre sí, dentro de esa sociedad universal que se llama el mundo civilizado.

Todo se aclara y simplifica ante la idea de un derecho único y universal.

Cuál es en efecto el eterno objeto del derecho por donde quiera que se considere?—El hombre y siempre el hombre.

Ya se considere el hombre ante su semejante aislado e individualmente; ya se considere en masa o colectivamente, el derecho es el mismo, y sus objetos son los mismos.

Así, *Grocio* dice con razón que tantas cuantas son las fuentes de procesos entre los hombres, tantas son las causas de guerra entre los pueblos o colecciones de hombres; y el cuadro de las acciones o medios de hacer valer su derecho en materia *civil*, coincide del todo con el de las acciones internacionales en materia de *derecho de gentes*.

En efecto, todas las acciones internacionales tienen por objeto defender la personalidad del estado y sus dominios y derechos *cara a cara* del estado extrajero; reivindicar y recuperar lo que es propio del estado o se le debe, y castigar al estado extranjero que se hace culpable de una infamia contra la patria.

La peculiaridad de lo que se llama el *derecho de gentes*, reside especialmente en estos dos grandes hechos:—1.º Que el hombre individual es representado por la sociedad de que es miembro, constituída en persona politica, a la faz de su semejante constituído en la misma situación: 2.º Que por resultado de la independencia absoluta de esa persona política llamada el Estado, no hay código ni juez para la decisión de los conflictos ocurridos entre Estado y Estado, y cada Estado es a la vez justiciable, juez, abogado, alguacil y verdugo.

Como no basta que una Nación reclame pacífica y puramente en nombre de la razón que cree tener, lo que es suyo, para que su razón sea escuchada por el que tiene interés en no escucharla, o cree con buena fé lo contrario; como no basta que un estado carezca de razón en el despojo o agravio que hace a otro estado, para que lo devuelva, por sólo un razonamiento, la fuerza ejercida por el estado que en todo pleito de individuo a individuo hace prevalecer la razón de uno contra el error del otro, viene a ser también el único resorte para hacer cumplir el derecho de una Nación desconocido por otra. Pero entre individuo e individuo, el estado es el juez que hace valer esa fuerza; y ese juez *imparcial* falta en la sociedad de estado y estado, por que los pueblos viven en lo que se llama *estado de naturaleza*, es decir, aislados e independientes respecto de toda autoridad común y suprema a la de cada uno.

A falta de ese juez común, que debería serlo por analogía ese *estado-mundo* que se llama el género humano, cada estado es abogado, soldado y juez de su propio pleito, por el empleo de la fuerza decisoria.

Basta esto solo para ver que la fuerza propia tiene que ser la última razón decisoria de los pleitos internacionales, es decir, la guerra en que se resumen todas las acciones del *derecho de gentes*, tanto civiles como penales.

Y que esa manera de administrar justicia no solo tiene este defecto, de degenerar en la guerra que mata la cuestión en vez de resolverla, sino que no es ni merece el nombre de justicia un procedimiiento en que cada litigante es *parte, testigo, juez* y *verdugo*.

Esa justicia entre hombre y hombre se llama

crimen; ¿cómo sería un *derecho* entre nación y nación?

Mientras dure esa situación de cosas, la civilización puede jactarse de haber resuelto mil problemas sociales injustos, menos el más importante de todos, que es el de la justicia internacional.

Y como no se divisa el día en que los soberanos consientan en ser súbditos de un poder universal, el único medio de escapar a esa justicia extraña, que se confunde con el crimen, es no pleitear jamás.

Y para inspirar horror a esa justicia de las fieras y de los salvajes, indigna del hombre, se debe calificar toda guerra, en cuanto defensa de sí mismo, como un crimen contra la humanidad.

Lo que la razón no resuelve por la discusión, no puede ser resuelto por la espada.

Lejos de ser la última razón del derecho, la espada es la primera razón del crimen.

Toda defensa de sí mismo es presumida crimen, en tanto que no se prueba lo contrario, porque es contra la naturaleza humana que el hombre pueda ser a la vez parte interesada y juez imparcial de su enemigo.

La guerra debe ser considerada como un crimen por regla general, un derecho por excepción rarísima.

Yo prefiero la definición de *Cicerón* a la de *Grocio*, por más humana. *La guerra*, dice el primero, *es una contienda que se resuelve por la fuerza animal.* Grocio cree que la guerra es el *estado* en que el hombre se sirve de esa lógica, **no la** acción de usarla.

Es mejor admitir que la guerra es una acción fugaz y efímera, como los arranques súbitos o impremeditados, que la violencia ejercída contra nosotros del mismo modo nos arranca. Considerada como un *derecho excepcional de la propia defensa*, no puede tener otro carácter.

Considerada como *crimen*, es decir, como es **de** ordinario, no puede ser admitida como un *estado* o situación regular y normal, porque el asesinato, el robo, el incendio, no pueden ser erigidos en sistema durable ni por un instante.

Considerada como *defensa suprema* de sí mismo, sólo debe ser admitida como un accidente, un hecho aislado y fugaz, como es por su naturaleza todo asalto criminal capaz de motivarla.

En una palabra, si la guerra como crimen no puede ser un estado durable de cosas, tampoco puede serlo la guerra considerada como justicia o como castigo.

Toda guerra que se prolonga más que el atentado que le sirve de motivo o protexto, degenera en crimen y debe ser presumida tal.

III

(LOS BELIGERANTES SON CULPABLES ANTE LA HUMANIDAD NEUTRAL)

La guerra considerada como pena jurídica del crimen de la guerra, ha podido hacer creer en la acción de su influencia benéfica en la educación y en la mejora del género humano, en virtud de la influencia semejante que se atribuye a la penalidad ordinaria en la educación interior del país.

Pero esa acción es dudosa en este caso, porque el penado las más de las veces no es el criminal sino el débil. Bien puede el débil estar lleno de justicia; si combate con el criminal poderoso, será vencido y castigado, sin ser por eso culpable.

Una justicia penal en que el juez y el verdugo son la parte misma interesada, es monstruosa, y no puede ser propia sino para depravar y destruir toda noción de justicia y de moralidad, lejos de ser apta para educar al género humano en la práctica de lo que es bueno y honesto.

Si la pena, es decir, la aplicación de la guerra como castigo de la guerra o de otra injuria, fuese pronunciada por el mundo imparcial, la presunción de justicia acompañaría a la de la imparcialidad presumible en el mundo neutral. —Pero una pena aplicada por el interés, por el odio, por la ambición, por la envidia, no puede dejar de ser inicua, o cuando menos desproporcionada e injusta en esta desproporción.

De donde se infiere que la guerra, considerada por su mejor lado, que es el de justicia penal, es incapaz radicalmente de producir la mejora y civilización del género humano.

¿Qué de más absurdo, por otra parte, que el pretender que el exterminio en masa de millones de hombres útiles, la devastación de las ciudades y de los campos, el incendio, la ruina, el engaño, el fraude, la profanación, puedan ser medios de educar y mejorar la especie humana?

Toda justicia hecha por la parte, toda defensa de sí mismo, es presumida crimen hasta que no se prueba lo contrario; y esta regla de derecho penal es aplicable sobre todo a la guerra.

La guerra más bien fundada y justificada por la parte, envuelve la presunción del crimen; en cuanto es la parte agraviada la que se hace justicia a sí misma.

Así, la regla de que en toda guerra *ambas partes tienen razón*, debe ceder a esta otra: — que *los dos beligerantes son culpables*, hasta que el *pueblo-mundo*, único juez competente para pronunciar el fallo, no lo haya pronunciado en vista de la evidencia y de su convicción de gran jurado de las naciones.

Así como la ley de cada Estado condena como culpables a todos los individuos que riñen y dañan entre sí, no sólo porque haciéndose jueces de sí mismos eluden la autoridad a que deben someter su contestación, sino porque la pretendida justicia hecha a sí mismo, encubre casi siempre la iniquidad hecha al contendor; así la ley internacional, fundada en idéntico principio, debe condenar a todos los Estados que para dirimir una cuestión de interés o de honor acuden a sus propias armas para destruirse mutuamente.

Y así como la sociedad venga en la víctima de un crimen un ultraje hecho a toda ella en la persona del ofendido, la sociedad-mundo tiene el derecho de considerar y condenar como un ultraje hecho al derecho de cada Estado el que es hecho a un Estado en particular.

IV

(TRIBUNALES DE JUSTICIA INTERNACIONAL)

Una nación que no está constituída en Estado, es decir, un pueblo que vive sin autoridades comunes, representa el mundo de *Hobbes*, la guerra de todos contra todos. Cada hombre es su propio juez y el juez de su adversario. La guerra es su enjuiciamiento civil y criminal, su doble código de procedimientos. Es el estado de perfecta barbarie erigido en institución permanente hasta que cese por la aparición y presencia de las autoridades comunes encargadas de dirimir y regular las diferencias de las partes.

Esas autoridades no presiden a la formación del Estado, sino que la acompañan, y se puede decir que su instalación constituye cabalmente la formación de una Nación en estado regular.

Lo que sucede a este respecto en la historia de cada estado, tiene que suceder en la formación de esa especie de estado conjunto de estados que ha de acabar por ser la confederación del género humano. Con la formación espontánea de esa asociación, y como elemento y condición de ella, han de aparecer instituciones internacionales encargadas de decir y reglar, en nombre de la autoridad soberana del mundo-unido, las diferencias abandonadas hoy a la pasión y al egoismo de las partes interesadas en servirse del daño ajeno.

Así como el establecimiento de los tribunales ha puesto fin en cada Estado a las peleas y conflictos armados con que sus habitantes discutian y dirimían sus pleitos en la edad salvaje, así el establecimiento inevitable y necesario de un modo regular de justicia internacional, hará desaparecer la guerra, que se define hoy día — un pleito decidido por la fuerza del pleiteante más fuerte en poder o en astucia.

Los pleitos de las naciones no serán dirimidos con justicia, sino cuando los decida su magistrado y juez neutral, la humanidad, es decir, el mundo de los neutrales, la masa de los Estados ajenos a la contienda que debe ser prevenida, o juzgada y decidida.

· *Grocio*, mejor que nadie, ha previsto el advenimiento de esa institución por estas palabras:

«...Il serait utile, il serait même en quelque façon nécéssaire qu'il y ait certaines assemblées des puissances chretiennes, oú les differends des unes seraient terminées par celles qui n'auraient pas d'interét dans l'affaire; et oú même on prendrait des mesures pour forcer les parties á recevoir la paix á des conditions équitables» (1).

.V.

(LA SOCIEDAD DE LAS NACIONES)

Si hay un pueblo que esté llamado a realizar perpetuamente el gobierno de sí mismo *(self governmente)*, es ese pueblo compuesto de pue blos que se llama sociedad de las naciones.

Es más verosímil que cada nación acabe por gobernarse en sus negocios propios, como se

---

(1) Livre II, chap. XXIII. "Le droit de la paix et de la guerre"

gobierna el *pueblo-mundo*, es decir, sin autoridades comunes, que no el que la´ humanidad llegue a constituirse una autoridad universal a imagen de la de cada nación.

Pero la ausencia de´una autoridad común no implica la ausencia de una ley común, ni la ausencia de una ley significa la ausencia de un gobierno: prueba de ello es la nación misma del *gobierno de sí propio*, es decir, gobierno sin autoridad; y de la practicabilidad de este modo de gobierno, es la mejor prueba el de las naciones que se gobiernan a sí mismas por el derecho llamado internacional en sus negocios continentales.

El derecho se revela y prolonga por sí mismo a todas las existencias que comprenden que él es una condición de salud común; y cuando no lo comprenden, lo practican sin comprenderlo, por el instinto de la propia conservación.

Será pues un pueblo que vivirá perpetuamente sin gobierno, en el sentido que esta palabra gobierno tiene dentro de cada nación. La sociedad de las Naciones no se regirá por otra regla, que la que preside a una reunión de particulares en sociedad privada: cada uno se tiene en su deber por mero respeto a la opinión de todos.

Así, lejos de ser el gobierno interior el polo de imitación a que marche la sociedad de las Naciones, es esta sociedad el modelo de imitación a que marcha el interno.

La ausencia del gobierno, según ésto, no quiere decir la ausencia de la ley. La ley existe sin necesidad de que ningún legislador la haya dado. Basta que una vez, cualquiera la haya señalado y dado a conoçer a los demás como ley natural de la universal sociedad; es decir, como la condición esencial de su-existencia, según la cual pueden todos los miembros de la familia humana marchar en armonía, en progreso, en paz y en libertad.

Los órganos libres de esa ley de vida común y general, que preside naturalmente al mundo de las naciones como la ley de gravitación que preside al mundo físico, son los autores de lo que se llama el *derecho de gentes*. Su autoridad es la que tienen los libros en que se consignan las reglas de urbanidad y, buena sociedad entre particulares.—Grocio, por ejemplo, es el lord Chesterfield de las naciones. Los tratados no son más que la consagración escrita y expresa entre varias naciones, de esas reglas preexistentes por sí mismas y consignadas en los libros de la ciencia moral que estudian los principios de buena conducta según los cuales pueden vivir relacionadas las naciones sin dañarse mutuamente.

Cuando una reunión se compone de gentes bien educadas, el orden se conserva sin ninguna especie de autoridad; cuando se compone de todo el mundo, la cosa es diferente.

Queda por saber, según ésto, si la armonía entre las naciones será la misma cuando la sociedad se componga de esos seres bien educados que se llaman gobiernos monárquicos, que cuando se formen indistintamente de todo el mundo sin distinción de rango ni educación.

¿Serán las democracias del porvenir más capaces de orden y tranquilidad internacional que lo son las monarquías del pasado?. ¿La agitación que en lo interior produce la vida libre será conciliable con la paz inalterable en lo exterior?

Los *Estados Unidos*, rodeados de pueblos monárquicos en América, no pueden resolver esta cuestión por la autoridad de su ejemplo, porque no sabemos si la paz exterior en que han vivido es un mérito de ellos, o pertenece a la cordura de sus vecinos.

Las democracias de la América del Sud no han repetido al pie de la letra el cuadro pacifico de una sociedad privada compuesta de caballeros bien educados.

VI

(CAMINOS DE LA SOLIDARIDAD HUMANA)

Para que las naciones formen un pueblo y se gobiernen por leyes comunes, no es necesario que se constituyan en confederación, ni tengan autoridades comunes a la imagen de las de cada Estado.

Esa sociedad existe ya, por la ley natural que ha creado la de cada nación. Cada día se hace más estrecha por el poder mismo de la necesidad que las naciones tienen de estrecharse para ser cada una más rica, más feliz, más fuerte, más libre. A medida que el espacio desaparece bajo el poder milagroso del vapor y de la electricidad; que el bienestar de los pueblos se hace solidario por la obra de ese agente internacional que se llama comercio, que anuda, encadena y traba los intereses unos con otros mejor que lo haría toda la diplomacia del mundo, las naciones se encuentran acercadas una de otra, como formando un solo país. (1)

Cada ferrocarril internacional equivale a diez alianzas; cada empréstito extranjero, es una frontera suprimida. Los tres cables atlánticos han suprimido y enterrado la *doctrina de Monroe* sin el menor protocolo.

La prensa, es decir, esta luz que se arrojan unas a otras las naciones, sobre todo lo que interesa a sus destinos de cada día, y sin cuyo auxilio toda nación pierde su derrotero y deja de saber dónde está y a dónde va; la prensa, alumbrada por la libertad, es decir, por la ingerencia de los pueblos en la gestión de sus destinos, hace posible la formación de una opinión internacional y general, que suple al gobierno que falta al pueblo-mundo.

El ojo de ese juez que todo lo vé y todo lo juzga sin temor, porque nadie es más fuerte que todo el mundo, es causa de que los crímenes de un soberano se hagan cada día menos praeticables.

¿Cómo se forma un poder general? Multiplicando los poderes locales. Para hacerse *una*, la Francia ha dividido sus provincias en departamentos.

¿Cómo hacer para multiplicar los *poderes locales* (que son las naciones) del pueblo-mundo?.

_____

(1) The diversity of nationals institutions shows little sign of yielding to Mr. Tennyson's ideal of the "federation of the world", governed by a general: "Parliament of man"; but the nations are slowly securing some of the benefits of a common government. The intermitent but certain extension of free trade is the most important step to wards that solidarity of civilization wich the Roman Empire once realized.—"The Times", 7 September 1874.

¿Dividiéndolos como los departamentos? — No: al revés; aumentando el número de las grandes naciones por la aglomeración de las pequeñas, que parece ser la tendencia natural de la humanidad en estas edades civilizadas. Cuando en lugar de cinco grandes Estados haya veinte, el poder de cada uno será mejor. Luego las grandes aglomeraciones no son contrarias a la constitución de la sociedad internacional en un poder de más en más democrático.

VII

(LA DEMOCRACIA INTERNACIONAL Y LA SOBERANIA NACIONAL)

La gran faz de la democracia moderna, es la *democracia internacional;* el advenimiento del mundo al gobierno del mundo; la *soberanía del pueblo-mundo*, como garantía de la *soberanía nacional.*

Si ese rey de los reyes, si ese soberano de los soberanos, no ejerce todavía su soberanía, no por eso deja de tenerla y de ser esa soberanía la suprema y más alta de las soberanías de la tierra.

Si el hecho de que no la ejerce hoy por un poder organizado, fuese razón para negar que el mundo es el soberano de los soberanos, no habría hoy mismo soberanía alguna nacional admisible, porque en ninguna nación existe hasta aquí sino nominalmente lo que se llama soberanía del pueblo.

Pero la prueba de que es un hecho, aunque

no . constituído todavía, es que los soberanos actuales, cada vez que quieren justificar su conducta hacia otros Estados, apelan instintivamente a ese juez supremo de las naciones que se llama el género humano, pueblo-mundo.

Ese pueblo y su soberanía se elaboran y constituyen por sí mismos, en virtud de las leyes naturales que presiden el desarrollo individual y colectivo del hombre y a su naturaleza indefinidamente perfectible.

El principio natural que ha creado cada nación, es el mismo que hará nacer y formarse esa última y suprema nación compuesta de naciones, que es el corolario, complemento y garantía del edificio de cada nación. como el de cada nación lo es del de sus provincias, departamentos, comunas, familias y ciudades.

La idea de la patria, no excluye la de un pueblo-mundo, la del género humano formando una sola sociedad superior y complementaria de las demás.

La *patria*, al contrario, es conciliable con la existencia del pueblo multíplice compuesto de patrias nacionales, como la individualidad del hombre es compatible con la existencia del Estado de que es miembro.

La *independencia nacional* será en el *pueblo mundo* la *libertad* del *ciudadano-Nación*, como la libertad *individual*, es la *independencia* de cada hombre, dentro del Estado de que es miembro.

Cada hombre hoy mismo tiene varias patrias que lejos de contradecirse, se apoyan y sostienen.

Desde luego la *provincia o localidad* de su

nacimiento o de su domicilio; después la *Nación* de que la provincia es parte integrante; después el *continente* en que está la Nación, y por fin el mundo de que el continente es parte.

Así, a medida que el hombre se desenvuelve y se hace más capaz de generalización, se apercibe de que su patria completa y definitiva, digna de él, es la tierra en toda su redondez, y que en los dominios del hombre definitivo jamás se pone el sol.

VIII

(EL MUNDO CIVILIZADO ES UN ORGANISMO ARMONICO)

Que las naciones tienden o gravitan hacia la formación de una sola y grande nación universal, es lo que la historia no escrita de los hechos que todos ven, no deja lugar a dudas.

La ley que los conduce en esa dirección, es la ley natural que ha formado las sociedades diversas que hoy existen, que serán otras tantas unidades constitutivas del conjunto o agregado de todas ellas en un vasto cuerpo internacional, comprensivo de la parte civilizada de la especie humana.

Pertenecer a ese agregado, ser unidad de su organismo, será prenda y condición de la civilización de cada sociedad.

Esa ley común a todos los seres vivientes y orgánicos, no será otra que la *evolución*, por la cual explican los naturalistas la formación, la estructura u organización y las funciones de todo cuerpo orgánico.

Si la denominación de *cuerpo* dada a un Estado,—si la palabra, *cuerpo social*, lejos de ser una mera figura de retórica, expresa la realidad de un hecho natural, según los *biologistas y sociologistas* modernos, no hay razón para no considerar el conjunto de las naciones como un cuerpo único, cuyos órganos son las naciones consideradas separadamente. — Ese cuerpo no existe ya formado, pero existe al menos la prueba de que tiende a formarse, por la mis ma ley que ha formado cada una de las sociedades actuales que han de ser unidades constitutivas de él.

Si la *biología* ha servido a los sociólogos para explicar por la ley natural de la evolución, la creación, estructura y funciones del ente vital llamado *sociedad*, ¿por qué no serviría también para explicar esa entidad de la misma casta, que se puede denominar la *sociedad de las Naciones?*

La aplicación de la biología, al estudio de la sociología internacional, será una nueva faz, llena de luz, de la ciencia del derecho de gentes.

¿Cuál será la condición vital de ese grande organismo de la sociedad o mundo internacional? Como en la composición de todo ente orgánico:—la separación de sus partes para trabajos o funciones especiales, y la dependencia mutua, para el cambio recíproco de sus productos.

La división del *trabajo*, de que depende la vida y el progreso del trabajo, no es aplicable únicamente a la industria y al comercio; lo es igualmente a todos los elementos de la sociedad,— como ley natural que es de todo organismo viviente, pues hay una *división fisiológica del trabajo* en la constitución de todo ser viviente organizado según un tipo superior, como lo observa *Milne Edwards*.

No hay organización, sino embrión, masa informe, cuando no hay separación de partes entre las que pertenecen a un conjunto por la especialidad y diversidad de sus funciones: ni la hay tampoco cuando no hay dependencia mutua de esas partes para el cambio del producto de su labor respectiva en la obra de su vida común.

El cuerpo humano no sería un cuerpo orgánico, si sus órganos no fuesen variados y diferentes en su labor común, y dependientes a la vez unos de otros para su alimentación y desarrollo. A cada órgano corresponde su función y su labor especial,—es decir, su esfera, su papel, su dominio y jurisdicción en el organismo;—a todos su dependencia mutua por el cambio y para el cambio de lo que cada uno elabora, por lo que cada uno necesita para vivir.

Ese es el modelo de toda organización individual, o social, o internacional.

El que ha organizado ese modelo, es el autor de todos los organismos constituídos según su plan. Ese es el autor y. ejecutor de esa ley que se llama la *evolución* natural, de que son producto los cuerpos sociales de toda escala, como los individuos de toda especie.

Es ahí donde el derecho de gentes debe buscar el verdadero origen, la verdadera noción y esfera de la *independencia* de cada nación, así como el origen, naturaleza y límite de la *dependencia mutua de cada nación;* la primera, para lo que es producir mucho, bien y mejor; la segunda, para lo que es cambiar lo que cada una ha producido al favor de su separación o independencia, para lo que cada una necesita de las otras para satisfacer su necesidad de vivir bien.

La separación o nacionalidad en Estado independiente y la unión o dependencia que la civilización o ley internacional impone a cada nación respecto de las otras; esa dependencia y esa independencia, dejan de ser legítimas desde que dejan de ser orgánicas y vitales al organismo del ente social llamado *mundo civilizado.*

El aislamiento absoluto de una sociedad, es una amputación hecha al mundo social. Matar un órgano, es dañar a todo el organismo, cuando no exponerlo a su destrucción si el órgano es capital. La dependencia ilimitada es la destrucción, es la muerte del organismo encontrada por el camino opuesto, porque es la destrucción del separatismo o división del trabajo que permite multiplicar las especies de productos en la escala infinita en que los demanda la perfectibilidad indefinida del hombre.

Para cambiar sus servicios y los productos de su especialidad, las unidades sociales del gran cuerpo internacional necesitan comunicarse mutuamente con la presteza, facilidad y segurdiad, con que se auxilian los órganos de un mismo cuerpo orgánico. Esos medios auxiliares de comunicación o de unidad y de vitalidad común, por mejor decirlo, son el *libre cambio*, los ferrocarriles, las líneas de vapores o puentes marítimos entre Estado y Estado, los telégrafos, las postas, las monedas, las ideas, las creencias, las artes, todo, en fin, lo que tiende a hacer más solidaria la existencia colectiva del hombre perfeccionado en esa sociedad llamada a constituirse con los seres que forman la especie humana.

IX

(LA FORMACION NATURAL DEL ORGANISMO SOCIAL)

Esas leyes naturales de la sociedad universal deben ser estudiadas, no para sancionarse por los gobiernos, sino para no contrariar su sanción que ya tienen de la naturaleza.

Que los hombres las crean o las desechen, no quitará eso que existan y se cumplan.

Las sociedades no han sido creadas por los gobiernos. Local, nacional o universal, toda sociedad es el producto de una evolución o creación de la misma naturaleza orgánica, cualquiera que sea su forma. Los gobiernos mismos son el producto de esa ley, lejos de ser sus padres. Ellos son parte y condición natural del organismo social.

De mil modos puede ser contrariada en su juego y mecanismo la ley de la evolución natural; pero ninguno más frecuente y desastroso que el de la política prohibitiva en general, y el de la política proteccionista en particular. El proteccionismo desconoce el papel orgánico

de la nación en la construcción o estructura de
la sociedad universal de las naciones. Preten-
diendo convertir en un ser completo el Estado
que es un órgano del gran cuerpo internacional,
hace lo que el fisiologista que pretendiese eman-
cipar a la cabeza, respecto del corazón, en lo
tocante a la producción de la sangre; y que
para realizar esta independencia, empezase por
cortar los canales o arterias por donde la cabeza recibía la sangre que le enviaba el corazón,
para en seguida dotar a la cabeza de un corazón suyo y especial. No tendría tiempo de
realizar este último prodigio, después de realizado el anterior, es decir, de cortada la cabeza, porque la muerte sería la consecuencia de
esa medida proteccionista, no sólo para la cabeza, sino también para el corazón, es decir,
para todo el cuerpo organizado a que antes
pertenecía. Un *cuerpo orgánico* es un *Estado*,
en que cada órgano es un *ciudadano*, es decir,
un miembro, una unidad constitutiva del conjunto social, llamado *cuerpo orgánico*.

X

(LA EVOLUCION DE LA SOCIEDAD ENGENDRA LA EVOLUCION DEL DERECHO)

El *derecho de gentes* no será otra cosa que
el desórden y la iniquidad constituídos en organización permanente del género humano, en
tanto que repose en otras bases que las del
derecho interno de cada Estado.

Pero la organización del derecho interno de

un Estado es el resultado de la existencia de ese Estado, es decir, de una sociedad de hombres gobernados por una legislación y un gobierno común, que son su obra.

Es preciso que las naciones de que se compone la humanidad formen una especie de sociedad o de unidad, para que su unión se haga capaz de una legislación y de un gobierno más o menos común.

Esta obra está en vías de constituirse por la fuerza de las cosas, bajo la acción de los progresos y mejoramientos de la especie humana que se opera en toda la extensión de la tierra que le sirve de morada común.

Este movimiento de unificación o consolidación del género humano, en los distintos continentes de que se compone el planeta que le sirve de patria común, forma una faz de la vida de la humanidad, y basta esto sólo para que ella se desenvuelva y progrese por sí misma, como ley esencial de su vitalidad.

El derecho internacional y sus progresos, no son la causa productora del movimiento humano hacia la unidad general, sino la condición inseparable de ese movimiento y su resultado natural y espontáneo.

Lo que a este respecto ha sucedido en el desarrollo de cada estado, sucede también en el de ese pueblo que tiende a formarse de todas las naciones conocidas.

Las sociedades todas preceden en su formación a la del derecho considerado como ciencia y como legislación; lo cual constituye uno de los últimos mejoramientos, destinados a garantirlo y fijar el legado de la tradición viva.

La vida y la sociedad internacional deben preceder naturalmente al desarrollo del derecho internacional como legislación y como ciencia.

Todo lo que propenda a aproximar y a unir las naciones entre sí moral, intelectual y materialmente, sirve a la constitución del derecho de gentes o interior del género humano, sobre el pie de eficacia y de imparcialidad en que descansa el derecho interno de cada estado; por la razón de que tiende a formar y constituir de todas las naciones una grande y universal asociación susceptible de leyes y de gobierno más o menos común.

·Sin duda que a medida que se extiende toda asociación, se hace menos capaz de centralismo, o los centros, por decirlo así, se multiplican. Pero la descentralización no es inconciliable con la unidad, y lejos de eso se completa mutuamente con el orden social, como en el organismo animal en que cada órgano tiene dos vidas, una suya y local, otra general.

XI

(LA ASOCIACION DE LOS ESTADOS NO IMPLICA SU CONFEDERACION)

El día que las naciones formen una especie de sociedad se verá producirse por ese hecho mismo y en virtud de la misma ley que ha hecho nacer la autoridad en cada estado, una autoridad más o menos universal, encargada de formular y aplicar la ley natural que preside el desarrollo de esa asociación de estados.

Y aunque ese gobierno del género humano, o de su porción más civilizada, no llegue a constituirse jamás como el de un estado dividido en los tres poderes conocidos, no por eso dejará de producirse en otra forma adecuada al modo de ser de esa sociedad aparte.

No se verán tal vez los *Estados Unidos de la Europa*, ni mucho menos los *Estados Unidos del mundo*, constituídos a ejemplo de los *Estados Unidos de América;* porque las naciones de la Europa no son fragmentos de un mismo pueblo que habla un mismo idioma, practica un mismo gobierno, tiene una misma legislación y un mismo origen y pasado histórico, como les sucede a los *Estados Unidos de América.*

No será la España una especie de Pensilvania, ni la Italia un Michigan, ni la Francia una New-York, ni el Portugal un Massachusets, ni la Rusia un Tenesse, etc. Pero no por eso Europa será incapaz de cierta unidad que facilite el establecimiento de cierta autoridad que releve a cada estado del papel imposible y odioso de hacerse justicia a sí mismo, asumiendo a la vez los tres papeles contradictores e imposibles de parte litigante, juez, testigo, y verdugo de su enemigo personal.

El que la constitución de una autoridad imparcial, que juzgue en nombre del mundo aje no a la disputa de dos estados, presente dificultades cuya sólución no se divisa, no es razón para erigir en derecho regular y permanente, lo que no es más que la negación del derecho o su violación escandalosa y criminal.

Si la guerra es un derecho, su ejercicio no puede ser dejado sin absurdo a la parte inte-

resada en abusar de él. Como castigo penal
de un crimen, como defensa de un derecho atropellado, como medio de reparación de un daño inferido, como garantía preventiva de un
daño inminente, la guerra debe ser ejercida
por la sociedad del género humano, no por la
parte interesada, si ha de ser admitida como
un derecho internacional.

No hay derecho respetado donde no hay justicia que le sirva de medida; ni justicia donde
no hay juez; ni juez donde falta la imparcialidad; ni puede haber imparcialidad donde no hay desinterés inmediato y directo en el
conflicto.

XII

(CORTES DE JUSTICIA INTERNACIONALES)

Son desde ahora mismo grandes pasos conducentes y preparatorios de la unión del género humano (que no dejará jamás de ser una
unidad multiplice), y de la formación de autoridades que ejerzan su soberanía judicial en la
decisión de las contiendas parciales de sus
miembros, que hoy se definen por la fuerza
material de los contendientes, los siguientes:

Primero:—la formación de grandes unidades
continentales, que serán como las secciones del
poder central del mundo.—Las divisiones de la
Tierra, que sirve de patria común del género
humano, en grandes y apartados continentes,
determinan ya esa manera de constituir la autoridad del mundo en varias y vastas circuns-
cripciones, humanitarias o internacionales.

Es natural cuando menos que esas grandes uniones continentales o seccionales precedan en su formación a la constitución de un poder humano central como ha precedido la unidad de cada nación a la del todo universal que se vé venir en lo futuro desde la época en que Grocio concibió el derecho internacional como el derecho de la humanidad considerada en su vasto conjunto.

A la idea del mundo-unido o del pueblo-mundo, ha de preceder la idea de la unión europea o los *Estados Unidos de la Europa,* la unión del *mundo americano,* o cosa semejante a una división interna y doméstica, diremos así, del vasto conjunto del género humano en secciones continentales, coincidiendo con las demarcaciones, que dividen la Tierra que sirve de patria común del género humano.

Ese desarrollo natural del mundo se deja prever desde ahora por estas palabras que acusan instintivamente la intuición de ese futuro más que probable: tales como las de *Estados Unidos de la Europa, Imperio* o Monarquía continental, Unión del mundo americano,* etc.

Otro paso en el sentido de la centralización del mundo para el gobierno de sus intereses, es la celebración de congresos continentales, como los que se han reunido en Europa y en América a principios de este siglo.—Es verdad que de un congreso a la instalación de un poder común, hay gran distancia; pero es un hecho que ningún poder central existe en América o Europa, de carácter nacional, que no haya comenzado y sido precedido de congregaciones de representantes u órganos de diversas regiones tendentes a buscar y encontrar un centro de unión permanente.

A esos Congresos o Parlamentos internacionales se deben los tratados generales que han servido hasta aquí como de ley -fundamental o constitución internacional de la Europa y de ambas Américas.

Esos Congresos existen ya de hecho, de un modo permanente, aunque indirecto, en los diversos *cuerpos diplomáticos*, que se encuentran instalados y formados alrededor de cada uno de los grandes gobiernos del mundo. Sin formar ni constituir cuerpos, esa congregación accidental de representantes de los varios *Estados del mundo*, ha recibido instintivamente el nombre de *cuerpo*, que ha de acabar por asumir en nombre de la necesidad de dar al mundo autoridades permanentes para el arraigo y decisión regular, pacífica, civilizada, de sus conflictos naturales que hoy se cortan sin decidirse ni resolverse, a cañonazos.

Esos *cuerpos diplomáticos* o internacionales representan al mundo entero unido en cada nación, para tratar negocios de Estado a Estado.

A menudo se forman de su seno *conferencias*, o especie de Congresos que resuelven o previenen conflictos capaces de ensangrentarse.

El día que los miembros soberanos de esos cuerpos internacionales recibieran dobles credenciales, para la corte de su residencia común y para unos con otros respectivamente, esas cooperaciones podrían asumir, según las circunstancias, el rango de *Cortes de Justicia internacionales*, llamadas a fallar en nombre del interés o del derecho interpretado por la mayoria de las naciones, los conflictos parciales que amenazan la tranquilidad de todas ellas, o los respetos debidos al derecho que a todas ellas protege.

XIII

(EL MAR ES LA PATRIA COMÚN DE LAS NACIONES)

Otro instrumento de la unidad del género humano, es la mar, con los ríos navegables que desaguan en ella.

«La mer c'est le marché du monde»—ha dicho Theodoret.

El mar que representa los dos tercios de nuestro planeta, es el terreno común del género humano.

El es libre en su conjunto y en sus detalles, es decir, en sus mares accesorios y mediterráneos, y en los ríos navegables, que son como sus ramos mediterráneos.

Las trabas que por siglos han entorpecido su libertad, han alejado el reino de la paz, manteniendo a las Naciones en el aislamiento anticivilizado que las hace no tener el gobierno común previsto por los genios de Grocio, Rousseau, Kant, Benthann, etc., etc.

El mar une los dos mundos lejos de separarlos.

La geografía y los descubrimientos recientes de que ha sido objeto, ha completado la de la tierra, y hecho del mar la patria favorita y común de todas las naciones,

Cubierto de los tesoros del mundo, que representan las propiedades que moviliza el comercio, él reclama en su superficie el imperio del derecho que protege la propiedad privada en tierra firme.

La supresión del corso, es una media garantía que, dejando en pie el derecho de apresamiento, ha suprimido la piratería autorizada de los particulares, conservando la de los gobiernos.

XIV

(EL MAR ES EL PUENTE ENTRE LAS NACIONES)

Dividido por el mar,—decían los antiguos porque no eran navegantes.—*Unido por el mar,* —es locución de los modernos, porque el mar es un puente—que une sus orillas, para pueblos navegantes, como los modernos.

El vapor no sólo ha suprimido la tierra como espacio, sino el mar.—Como el pájaro, el hombre se ha emancipado de la tierra y del agua, para cruzar el espacio casi en alas del aire.

El vapor une los pueblos porque une los territorios y los países.

El vapor es el brazo del cristianismo. El uno hace de la tierra una sola y común mansión del género humano; el otro proclama una sola familia de hermanos todo lo que el vapor amontona.

El comercio moderno, con las formas de su crédito, con su prodigiosa letra *que cambia* los capitales de nación a nación sin sacarlos de su plaza; con sus Bancos; sus empréstitos internacionales; sus monedas universales, como el oro y la plata; que con sus pesos y medidas tiende a la misma uniformidad que las cifras de la aritmética y del cálculo; con sus canales y ferrocarriles, sus telégrafos, sus postas, sus libertades nuevas, sus tratados, sus cónsules, es el auxiliar material más poderoso de que dispongan, en servicio de la unión y de la unidad del género humano, la religión y la ciencia, que hacen de todos los pueblos una misma familia de hermanos habitando un planeta que les sirve de morada común.

XV

(LA SOCIEDAD DE LAS NACIONES CIVILIZADAS ES POSIBLE)

El *derecho internacional* será una palabra vana mientras no exista una autoridad internacional capaz de convertir ese derecho en ley y de hacer de esta ley un hecho vivo y palpitante. Será lo que seria el *código civil* de un Estado que careciese absolutamente de gobierno y de autoridades civiles: un catecismo de moral o de religión; lo que es el *código de la civilidad* o buenas maneras actualmente: ley que uno sigue o desconoce a su albedrío. Cada casa, cada familia, cada hombre tendrían que vivir amados para hacerse respetar en sus derechos de propiedad, vida, libertad, etc.

Así, el problema del derecho internacional

no consiste en investigar sus principios y preceptos, sino en encontrar la autoridad que los promulgue y los haga observar como ley.

Pero tal autoridad no existirá ni podrá jamás existir, mientras no exista una asociación que de todas las naciones unidas forme una especie de grande Estado complejo tan vasto como la humanidad, o cuando menos como los continentes en que se divide la tierra que sirve de morada común al género humano. La autoridad y la asociación son dos hechos de que el primero es producto lógico y natural del otro. Una sociedad puede existir sin gobierno, aunque malísimamente; pero un gobierno no puede existir ni bien ni mal sin sociedad o nación.

Dada una sociedad compuesta de todas las naciones, la autoridad surgirá de ese hecho por sí misma, como la condición natural e inevitable de su existencia, derivada de la necesidad de fijar y hacer cumplir el derecho, que es la ley de vida de toda asociación humana.

La cuestión es saber si la sociedad de las naciones existe hoy día, aun que no sea sino de un modo embrionario; o si esa sociedad falta del todo.

Y antes de esta cuestión, esta otra:—las naciones en que se distribuye el género humano ¿pueden formar un solo cuerpo al través del espacio, que las separa unas de otras hasta hacer de ellas meros puntos perdidos en el espacio inmenso de nuestro planeta?

El espacio, que separa entre sí mismos a los pueblos que componen el imperio ruso, es mucho mayor que el que separa a los Estados de que se forma la Europa Occidental; y si los primeros no son obstáculos para que exista la unidad política de la Rusia, ¿por qué lo sería para la unidad internacional de los Estados europeos?

Una prueba de que la sociedad de las naciones civilizadas puede existir y constituir una especie de unión compleja, es que en realidad existe ya aunque de una manera incompleta.

No dirá nadie que la relación jurídica y social de un francés respecto de un inglés, es la del hombre en el estado de pura naturaleza, es decir, la de un salvaje de la Pampa, respecto de otro de la Araucania. Ellos están ligados por un cuerpo tan numeroso de principios, de intereses, de costumbres y leyes, que forman todo un código; o lo que es lo mismo, todo un orden político y social, capaz de ser considerado como un solo cuerpo compuesto de dos cuerpos. Lo que digo de un inglés y un francés, lo aplico a los individuos de todas las naciones de la Europa.

Esta sociedad de sociedades no está formada, pero está en formación y acabará por ser un hecho más o menos acabado, pero más completo que lo ha sido antes de ahora, por la acción de una ley natural que impele a todos los pueblos en el sentido de esa última faz de su vida social y colectiva, cuyo primer grado es la familia y cuyo último término es la humanidad.

La misma *ciencia* del derecho internacional, lejos de ser la cuna y origen de esa unidad de las naciones, es un resultado y síntoma de ello.

Las naciones no se han acercado y unido

entre sí mismas, por los consejos de *Alberico Gentile* o de *Hugo Grocio* sino por el imperio de sus intereses recíprocos y los impulsos instintivos de su razón y de su raza esencialmente social.

Las luces de la ciencia han podido concurrir al logro creciente de ese resultado, pero más que la ciencia del derecho internacional propiamente dicho, han contribuído los que en otras ciencias físicas y morales han encontrado el medio de acercar a los pueblos entre sí mismos hasta formar la grande asociación, que constituye el *mundo civilizado*.

Son estos obreros de la unidad del género humano, los verdaderos padres y creadores del derecho internacional, más bien que no lo son los sabios y publicistas ocupados en escribir la ley ya existente y viva, según la cual se produce y alimenta la existencia de toda asociación de hombres.

XVI

(LOS FORJADORES DEL PUEBLO-MUNDO)

Para dar una idea de esta falange de obreros indirectos del derecho internacional, como obreros directos que son de la unidad del género humano, citaremos y pondremos antes que los *Alberico Gentile*, los *Grocio* y Cía.:

—Al descubridor ignoto de la Brújula;

—A *Cristóbal Colón*, descubridor del nuevo mundo;

—*Vasco de Gama*, descubridor del camino naval, que une al Oriente con el Occidente;

—*Gutemberg*, el descubridor de la imprenta, que es el ferrocarril del pensamiento;

—*Fulton*, el inventor del buque a vapor;.

—*Stephenson*, el inventor de la locomotora, que simboliza todo el valor del ferrocarril;

—El teniente *Mauren*, creador de la geografía de la mar, esta parte de la tierra en que todas las naciones son compatriotas y copropietarias;

—*Hughes Morse*, por cuyos aparatos telegráficos todos los pueblos del globo están presentes en un punto,

—*Lesseps*, el nuevo Vasco de Gama, que reune el mérito de haber creado a las puertas de la Europa el camino de Oriente que el otro descubrió en un extremo del Africa.

—*Cobden*, el destructor de las aduanas, más aislantes que las Cordilleras y los Istmos.

Estos y los de su falange tendrán más parte que los autores de derecho internacional en la formación del *pueblo-mundo*, que ha de producir la autoridad o gobierno universal, sin el cual no es la ley de las naciones más eficaz que cualquiera otra ley. de Dios o religión por santa y bella que sea.

XVII

(LOS TECNICOS DEL INTERNACIONALISMO)

Después del comercio y de los comerciantes, el derecho de gentes no tiene obreros ni apóstoles más eficaces ni activos que los ingenieros civiles y. los ingenieros militares.

Los dos gobiernan y dirigen las fuerzas naturales en servicio y satisfacción de las necesidades del hombre; pero el ingeniero civil es la regla, el militar es la excepción, como la guerra es excepción del estado natural de paz.

El ingeniero hace los caminos, los puentes, los canales, los puertos, los muelles, los buques, las máquinas, que reglan los procederes industriales para producir las riquezas que las naciones cambian entre sí al favor de las instancias, abreviadas y facilitadas por los ingenieros.

La religión cristiana debe más al ingeniero que al sacerdote su propagación al través de la tierra, porque él acerca y une materialmente a los hombres en la hermandad que el cristianismo establece moralmente.

El ingeniero es el soldado de la naturaleza; el oficial natural, que tiene a su cargo el mando de esos soldados formados por Dios mismo, que representan esas fuerzas eternamente activas y militantes, que se llaman el vapor, la electricidad, el gas, la gravitación, el viento, el agua, el calor, el nivel.

Esos son los que hacen de todas las naciones una sola Nación, dividida en secciones nacionales, autónomas, sin dejar de ser integrantes del pueblo-mundo.

Mientras los guerreros no hacen más que retardar el acaecimiento de ese evento salvador del genio humano, los ingenieros hacen por su realización más que los más célebres guerreros que la historia recuerde.

Vendrá un día en que los nombres de Colón, Fulton, Watt, Stephenson, Brind, Arkwnight, Newton, etc., harán olvidar los nombres de Alejandro, de César y Napoleón. Los guerreros han propendido a la unión del género humano por la espada y la sangre, es decir, por el sacrificio de unos a otros; los ingenieros han servido a la realización de ese fin, por el aumento de las comodidades y de los goces, por el desarrollo de la riqueza, del bienestar y de la población.

XVIII

(LOS HECHOS ENGENDRAN EL DERECHO)

No es el todo escribir el derecho de gentes y darlo a conocer. Con sólo eso no se extingue la iniquidad en la vida práctica de las naciones.

En derecho internacional como en toda especie de derecho, la cuestión principal no es conocerlo, sino practicarlo como hábito y costumbre: tal vez sin conocerlo.

Desde que el derecho llega a ser la manera de obrar, la conducta habitual de un hombre para con otro hombre, o de un estado para con otro estado, la autoridad o gobierno común de esos hombres o de esos estados, está constituída en cierto modo y en el mejor modo. Su derecho común es un hecho vivaz aunque no sea un texto ni un libro, y ese modo de existir es ya una manera de gobierno.

Como esta manera de gobierno que consiste en la práctica instintiva del derecho es una necesidad de cada hombre y de cada Estado, él se produce, constituye y rige por sí mismo, antes de discutirse y de escribirse.

Cuando la discusión y la escrituración vienen más tarde, ya él existe por la acción misma de la naturaleza, pues el derecho es la ley natural según la cual muchos seres libres coexisten juntos no sólo sin dañarse, sino para fortificarse por el hecho de su misma asociación o coexistencia unida.

El gobierno común de las naciones existe ya en esa forma hasta un cierto grado, desde que el respeto de los unos para los otros en su derecho respectivo, empieza a serles un hábito de vida práctica, una regla de conducta.

Lo que falta a ese gobierno (que es su forma aparente y material, es decir, su código escrifo a su personal), es lo de menos para el interés de su existencia.

Pero esta falta o deficiencia no quita que el gobierno internacional exista en la mejor forma, es decir, como hábito y costumbre, como una segunda naturaleza, producida por la necesidad de vivir seguros a favor del mutuo respeto.

Que ese gobierno existe embrionario, informe y falto de una constitución regular, no quita que en cierto modo exista y que esté en camino de perfeccionarse.

Nadie admitirá que las naciones cultas vivan la vida que hoy llevan, en el estado dicho de naturaleza, es decir, en el estado de barbarie, y que un *francés*, no sea hoy más que un indio pampa para con un *inglés*.

XIX

(LA SOLIDARIDAD DE LAS NACIONES)

Puede ser que el gobierno internacional del pueblo-mundo no llegue a existir jamás de otro modo sobre la tierra; y que lejos de constituirse a imagen y semejanza del gobierno interior de cada estado, sea el de cada estado el que tenga que modelarse y constituirse a semejanza del gobierno del mundo, dechado perfecto del *self government*, pues cada estado se maneja y gobierna por sí mismo.

Es decir que en vez de esperar que cada Estado se haga súbdito de un Estado universal, es más fácil que cada hombre se erija en Potencia o Estado doméstico dentro de su país y respecto de sus conciudadanos.

Pero así como es inconcebible la hipótesis de una libertad individual sin la existencia del Estado que le sirva de protección y garantia, tampoco es comprensible la hipótesis de una nación perfectamente independiente, sin la existencia de una sociedad más general, que le sirva de protección y garantía moral cuando menos, contra toda violencia hecha a su existencia independiente y soberana.

XX

(UN NUEVO DERECHO INTERNACIONAL)

La idea de buscar la paz y la seguridad a cada nación en la asociación de todas por el estilo en que están ligados los individuos que forman cada Estado, ha surgido en las cabezas más capaces de sentir esta dirección natural en que marcha por su propio instinto de conservación y mejora la familia humana, que forma hoy el mundo civilizado.

Esa idea ha tenido por sostenedores y partidarios convencidos, a:

Grocio; Enrique IV; Sully; Abate de Saint Pierre; J. J. Rousseau; Jeremías Bentham; Kant; Tichte.

Todos los más célebres publicistas del día.

Tenida un día por utopía, hoy es cousiderada como natural, tan posible y obvia, como la idea de la sociedad nacional según la cual los hombres existen reunidos en cuerpo de nación.

Se ha criticado el *proyecto de paz perpetua* de Pierre, porque proponía por su artículo tercero que cada nación renunciase al empleo de las armas para hacerse justicia a sí misma, y por el artículo cuarto que se compeliese por las armas al estado recalcitrante en caso de la inejecución del pacto internacional general.

Pero, ¿qué otra cosa han hecho los hombres, que se encuentran reunidos en el seno de cada nación? Cada individuo ha renunciado a las vías de hecho para dirimir sus querellas privadas, al entrar en sociedad, y han establecido que la fuerza colectivamente sería empleada para compeler a cumplirla en caso de inejecución de aquella renuncia, al individuo que se aparta de ella.

La guerra no es un mal como violencia,

sino porque la violencia es de ordinario injusta cuando es hecha por la parte contendora, en lugar de serlo por un juez imparcial; pero el juez no deja de ser justo, útil, bueno porque use de la fuerza para hacer cumplir su fallo.

La guerra de todos contra uno es el único medio de prevenir la guerra de uno contra otro, sea porque se trate de Estados o de individuos.

La fuerza no es presumida justa, sino cuando es empleada por el desinterés, y sólo es presumible su desinterés completo en la totalidad del cuerpo del estado, que se encarga de resolver una diferencia entre dos o más de sus miembros.

Hasta aquí el derecho internacional ha sido el mayor obstáculo de sí mismo; el derecho internacional convencional o positivo, ha sido más bien un obstáculo del derecho internacional natural. La razón de ello es que los convenios no han pasado entre las naciones, sino entre sus gobiernos, divididos entre sí por celos, rivalidades y antagonismos de poder y de ambición.

Sus convenciones o tratados han tenido por objeto consagrar y garantir esas divisiones, lejos de suprimirlas. Ese ha sido el sentido y carácter dominante de los tratados de límites o de fronteras, de comercio o de tarifas aduaneras, etc.

Estos tratados, lejos de hacer del mundo un todo, han tenido por objeto dividir al género humano en tantos mundos como naciones.

Pero lo que ese derecho inter-gubernamental más bien que internacional, ha procurado dividir, en provecho del poder de cada gobierno y perjuicio del poder del mundo unido, ha marchado hacia la centralización y unión por. la obra del comercio, de la industria y de la ciencia, tanto como por el instinto de sociabilidad de que está dotada la familia humana.

Un nuevo derecho de gentes derogatorio y reaccionario del pasado, ha sido la consecuencia natural del cambio, por el cual las naciones caminan a tomar en sus manos la gestión de sus destinos políticos, antes de ahora manejados por sus gobiernos absolutos.

El nuevo derecho por ser realmente *internacional*, es decir, estipulado entre nación y nación, será centralista y unionista, como el antiguo era separatista, porque los pueblos tienen tanto interés en formar un solo cuerpo de sociedad, como los gobiernos absolutos tenían en que formaran divisiones infinitas e incoherentes.—Dentro o fuera de los Estados no se ha formado jamás, una unión que no haya sido obra de los pueblos contra la resistencia de los gobiernos; por la razón sencilla de que toda unión envuelve la supresión de uno o más gobiernos, y ningún gobierno desea desaparecer, ni total ni parcialmente.

La ley de unión que arrastra al mundo a tomar una forma que haga posible la existencia de un poder encargado de administrar la justicia internacional, dejada hoy al interés de cada Estado, no llegará ciertamente a producir la supresión de los gobiernos unidos que hoy existen; pero traerá la disminución de su poder, en el interés del poder general y común, que se compondrá de las funciones internacionales, de

que se desprenden los otros, como los poderes
de Provincias se han visto disminuidos el día
de la formación del poder central o nacional
en el interior de cada Estado.

La subordinación o limitación del poder soberano de cada Nación a la soberanía suprema
del género humano, será el más alto término de
la civilización política del mundo, que hasta hoy
está lejos de existir en igual grado que existe
en el gobierno interior de los países civilizados.

La civilización política del mundo tiende a
disminuir de más en más la soberanía de cada
nación y a convertirla de más en más en un
poder interior y doméstico respecto del gran
poder del mundo todo, organizado en una vasta asociación, destinada a garantizar la existencia de cada soberanía nacional, en compensa-
ción de la pérdida que en gran necesidad les hace sufrir.

Por mejor decir, no hay tal pérdida, pues lo
que parece tal no es más que un cambio de
modo de ejercer un poder que guarda siempre su integridad inherente y específica, diremos así.

La grande asociación de que los Estados se
hacen miembros interiores y subalternos, no
hace más que garantizar y asegurarles el poder,
que parece disminuirles.

Como entre las libertades de los individuos,
la independencia de cada Estado tiene por límite la independencia de los otros.

XXI

(NUCLEOS PRINCIPALES DE LA GRAN SOCIEDAD DE LAS NACIONES)

Antes de què el mundo llegue a formar una sola y vasta asociación, lo natural será que se organice en otras tantas y grandes secciones unitarias, como continentes. Ya se habla de los *Estados Unidos de la Europa*, al mismo tiempo que en el otro lado del Atlántico se habla de la *Unión Americana*. Estas ideas no significan sino la forma más práctica o practicable de la centralización internacional del género humano, que empieza a existir en las ideas. porque ya está relativamente en los hechos, por la *obra* de los impulsos instintivos de la humanidad civilizada.

¿*Civilizada*, no es equivalente de *asociada, unida, ligada* entre sí?

No sólo los continentes, sino las creencias religiosas y las razas serán los elementos que determinen las grandes divisiones geográficas de la humanidad, en las grandes secciones internacionales de que acabamos de hablar.

Así la *cristiandad*, formará un mundo parcial o gran cuerpo internacional; otro sería formado por los pueblos mahometanos; otros por los que profesan la religión de la India.

La *comunidad de opinión*, en que reside la ley, requiere, para constituirse, la comunidad de idioma, de origen histórico, de usos y creencias.

XXII

(LAS VIAS DE APROXIMACION GEOGRAFICA)

Todo lo que empuja y ayuda al mundo en el sentido de su unión y centralismo, concurre a la creación de un juez internacional.

Así, la apertura del Canal de Suez, que une los países de Oriente a los del Mediterráneo, sirve a la institución de la justicia del mundo mejor que todos los tratados de derecho internacional; y el diplomático Lesseps que ha promovido y llevado a cabo esa obra, ha hecho más por el derecho internacional que todo un congreso de Reyes. Los emperadores se han acercado y unido bajo la influencia de su obra de unificación internacional.

Cap. XI.— *La guerra o el cesarismo en el Nuevo Mundo*

I

(EL ESTADO DE GUERRA ES ABSURDO EN LA AMERICA DEL SUD)

Ninguna de las causas ordinarias de la guerra en Europa, existe en la América del Sud.— Las diez y seis Repúblicas que la pueblan, hablan la misma lengua, son la misma raza, profesan la misma religión, tienen la misma forma de gobierno, el mismo sistema de pesas y medidas, la misma legislación civil, las mismas costumbres, y cada una posee cincuenta veces más territorio que el que necesita.

A pesar de esa rara y feliz uniformidad, la América del Sud es la tierra clásica de la guerra, en tal grado que ha llegado a ser allí el estado normal, una especie de forma de gobierno, asimilada de tal modo con todas las fases de su vida actual, que a nadie ocurre allí que la guerra puede ser un crimen.

Le faltaba un libro en que se le enseñe que la guerra es la civilización, y acaba de adquirirlo, coronado y sancionado en cierto modo por los cuidados de los amigos de la paz en París. El abate Saint Pierre fué arrojado de la Academia porque predicó la paz perpetua; Calvo ha entrado en la Academia por su apología de la guerra.

Y sin embargo, si hay en la tierra un lugar donde sea un crimen, es en la América del Sud; desde luego, porque sus condiciones de homogeneidad le quitan a la guerra toda razón de ser, y en seguida porque la guerra se opone de frente a la satisfacción de la necesidad de ese continente desierto, que es la de poblarse como la América del Norte, con las inmigraciones de la Europa civilizada, que no van a donde hay' guerra. La guerra debe allí a una causa especial su falso prestigio, y es que el grande hecho de civilización que Sud América ha realizado en este siglo, es la revolución y la guerra de su independencia.

Aunque la independencia tenga otras causas naturales, que ' son bien conocidas, la guerra se lleva ese honor, que lisonjea e interesa a los pueblos de Sud América.

La guerra que tuvo por objeto la conquista de la *libertad exterior*, es decir, de la *independencia* y autonomía del pueblo americano respecto de la Europa, ha degenerado en lo que más tarde ha tenido por objeto, o por pretexto, la conquista de la *libertad interior.* Pero como estas dos libertades no se conquistan por los mismos medios, buscar el establecimiento de la libertad interior por la guerra, en lugar de buscarlo por la paz, es como obligar a la tierra a que produzca trigo a fuerza de agitarla y revolverla continuamente, es decir, a fuerza de impedir que ella lo produzca.

La guerra pudo producir la destrucción material del gobierno español en América, en un corto período: esto se concibe. Pero jamás podria tener igual eficacia en la creación de un gobierno libre, porque el gobierno libre, es el país mismo gobernándose a sí mismo; y el gobierno de sí mismo es una educación, es un hábito, es toda una vida de aprendizaje libre.

La guerra civil permanente ha producido allá su resultado natural, la desaparición de la libertad interior, y en los más agitados de esos países, la casi desaparición de su libertad exterior, es decir, su independencia.

No hay más que dos Estados que hayan logrado establecer su libertad interior y son los que la han buscado y obtenido al favor de la paz excepcional de que han gozado desde su independencia. Chile y el Brasil han probado en la América del Sud lo que la América del Norte nos demuestra hace sesenta años, que la paz es la causa principal de su grande libertad, y que ambas son la causa de su gran prosperidad.

II

(LA IDOLATRIA MILITAR EN SUD AMERICA)

Cuando la *libertad* no es pretexto de la guerra, lo es la gloria, el *honor nacional*.

Como Sud América no ha contribuído a la obra de la civilización general sino por el trabajo de la guerra de su independencia, la única gloria que allí existe es la gloria militar, los únicos grandes hombres son grandes guerreros.

Ninguna invención como la de Franklin, como la de Fulton, como la del telégrafo eléctrico y tantas otras que el mundo civilizado debe a la América del Norte, ha ilustrado hasta aquí a la América del Sud. Ni en las ciencias físicas, ni en las conquistas de la industria, ni en ramo alguno de los conocimientos humanos, conoce el mundo una gloria súdamericana que se pueda llamar universal.

Todo el círculo de sus grandes hombres se reduce al de sus grandes militares del tiempo de la guerra de la independencia. Chile tal vez fuera una excepción, si él mismo no diese a sus guerreros las estatuas y honores que apenas ha consagrado hasta aquí a sus grandes ciudadanos, más acreedores a sus respetos que sus grandes militares; pues la independencia americana es más bien el producto de la civilización general de este siglo, que del azar de dos o tres batallas.

Nada puede servir más eficazmente a los intereses de la paz de Sud América, que la destrucción de esos falsos ídolos militares, por el estudio y la divulgación de la historia verdadera de la independencia de Sud América, hecho del punto de vista de las causas generales y naturales que la han producido.

Lo que ha sido el producto lógico y natural de las necesidades e intereses de la civilización, ha sido adjudicado a cierto número de hombres por el paganismo ignorante de los pueblos, que no vé más que la mano de los hombres donde no hay sino la mano de Dios, es decir, del progreso natural de las cosas; por la vanidad nacional y por el egoísmo de las familias de los supuestos héroes, suplantadas, en nombre de la gloria, a las familias aristocráticas derrocadas ´en nombre de la democracia.

Para cierta manera de hacer la historia, la´ América del Sud vegetaria hasta hoy en poder de España, si la casualidad no hubiese hecho que nazcan un Belgrano, un San Martín, un Bolívar, etc.

Si estos guerreros han arrancado la América al poder español, a sus antagonistas vencidos debe España atribuir su pérdida; pero no lo hace. La España, que sabe mejor que nadie a quién debe la pérdida de América, se guarda bien de atribuirla a Tristán, a Pezuela, a Osorio, a Laserna, a Olañeta, elevados por su gratitud al sacrificio de sus servicios impotentes, desempeñados en las derrotas de *Maipú*, *Tucumán*, *Ayacucho*, etc., a los más altos rangos.

La breva cayó cuando estaba madura y porque estuvo maduro, como dijo Saavedra, el jefe militar de la revolución de Mayo, en Buenos Aires, que no quiso proclamar la caducidad de los Borbones hasta que no supo que habían caducado en España por la mano de Napoleón.

Toda la filosofía de la historia de la independencia de Sud América, está formulada en esa palabra del general Saavedra.

III

(LOS FACTORES NATURALES DE LA HISTORIA)

Lo que no hubiese hecho San Martín, lo habria hecho Bolívar; a falta de un Bolívar, habría habido un Sucre; a falta de un Sucre, un Córdova, etc. Cuando un brazo es necesario para la ejecución de una ley de mejoramiento y progreso, la fecundidad de la humanidad lo sugiere no importa con qué nombre.

No dar a los grandes principios, a los soberanos intereses, a las causas generales y naturales de progreso, que gobiernan y rigen el mundo hacia lo mejor, el papel natural que la ceguedad de un paganismo estrecho les quita para darlo a ciertos hombres, es erigir a los hombres al rango de causas y de principios, es desconocer y perder de vista las bases incontrastables en que descansa el progreso humano, y que deben ser las bases firmes e invencibles de su fe.

IV

(EL CULTO DE LOS GUERREROS FALSEA LA HISTORIA)

Es imposible establecer que la guerra es un crimen, y al mismo tiempo santificar a los guerreros, autores o instrumentos de ese crimen; como es imposible deificar a los guerreros, sin santificar la guerra virtualmente. No pretendo que un soldado debe ser tenido por criminal, a causa de que la guerra es un crimen. Bien sabemos que a menudo es una víctima, cuando mata lo mismo que cuando muere. Su posición a menudo es la del *ejecutor de altas obras:* como quiera que la justicia penal sea administrada, el verdugo es culpable en medio de su desgracia. Casi siempre el oficial está en el caso del soldado. Pero a medida que se eleva su rango, su responsabilidad no es la misma en el crimen o en la justicia de la guerra.

Para estimar la guerra en su valor, nada como estudiar a los guerreros.

Lejos de ser un crimen, la guerra de la independencia de Sud América, fué un grande acto de justicia por parte de ese país

Pero esa justicia se obró por un movimiento general de la opinión de América, por las necesidades instintivas de la civilización, por la acción espontánea de los acontecimientos gobernados por leyes que presiden al progreso humano, más bien que por la acción y la iniciativa de ningún guerrero. Su honor pertenece a la América entera, que supo entender su época y seguirla.

Ensayemos la verificación de esta verdad en el estudio de la primera gloria argentina, estando al testimonio de las estatuas, que son el culto que la posteridad de los pueblos tributa a sus grandes servidores. Ese país ha hecho de un soldado, la primera de sus glorias. Un soldado puede merecerla como Wáshington; pero la gloria de Wáshington no es la de la guerra; es la de la libertad. Un pueblo en que cada nuevo ciudadano se fundiese en el molde de Wáshington, no sería un pueblo de soldados, sino un pueblo de grandes ciudadanos, de verdaderos modelos de patriotismo. Pero San Martín, ¿puede ser el tipo de los patriotas que la República Argentina necesita para ser un país igual a los Estados Unidos?—Este punto interesa a la educación de las generaciones jóvenes y la gran cuestión de la paz continua y frecuente, ya que no perpetua.

San Martín, nacido en el Río de la Plata, recibió su educación en España, metrópoli de aquel país, entonces su colonia. Dedicado a la carrera militar, sirvió diez y ocho años a la causa de la monarquía absoluta, bajo los Borbones, y peleó en su defensa contra las campañas de propaganda liberal de la revolución francesa de 1789. En 1812, dos años después que estalló la revolución de Mayo de 1810, en el Río de la Plata, San Martín siguió la idea que le inspiró, no su amor al suelo de su origen, sino el consejo de un general inglés, de los que deseaban la emancipación de Sud América para las necesidades del comercio británico. Trasladado al Plata, entró en su ejército patriota con su grado español de sargento mayor. Su primer trabajo político fué la promoción de una Logia o sociedad *secreta*, que ya no podia tener objeto a los dos añós de hecha la revolución de libertad, que se podía predicar, servir y difundir a la luz del día y a cara descubierta. A la formación de la Logia sucedió un cambio de gobierno contra los autores de la revolución patriótica, que fueron reemplazados por los patriotas de la Logia, naturalmente. De ese gobierno recibió San Martín su grado de general y el mando del ejército patriota, destinado a libertar las provincias argentinas del alto Perú, ocupadas por los españoles. Llegado a Tucumán, San Martín no halló prudente atacar de faz a los ejércitos españoles, que acababan de derrotar al general Belgrano en el territorio argentino del Norte. de .que seguían poseedores. San Martín concibió el plan prudente de atacarlos por retaguardia, es decir, por Lima, dirigiéndose por Chile, que en ese momento (1813) estaba libre de los españoles. Para preparar su-ejército, San Martín se hizo nombrar gobernador de Mendoza, provincia vecina de Chile, y se dirigía a tomar posesión de su mando, cuando los españoles restauraron su autoridad en Chile. Era una nueva contrariedad para la campaña de retaguardia, que los patriotas de Chile, refugiados en suelo argentino, contribuyeron grandemente a remover. A la cabeza de un pequeño ejército aliado de chilenos y argentinos San-Martín cruzó los *Andes*, sorprendió y batió a los españoles en *Chacabuco* el 12 de

Febrero de **1817**. Regresado al Plata, en vez de perseguir hasta concluir a los españoles en el Sud, al año siguiente, después de muchos contrastes, tuvo que dar una segunda batalla en *Maipú*, el 5 de Abril de 1818, a la cabeza de ocho mil hombres, de la que no se repusieron los realistas. Esa batalla es el gran título de la gloria de San Martín. Ella libertaba a Chile, pero dejaba siempre a los españoles en posesión de las provincias argentinas del Norte. Toda la misión de San Martín era libertar esta parte del suelo de su país de sus dominadores españoles. Para eso iba al Perú; Chile para él era el camino del Perú, como el Perú era su camino para las provincias argentinas del Desaguadero, objetivo único de su campaña. A la cabeza de una expedición aliada, San Martin en 1821 entró en Lima, que se pronunció contra los españoles y le recibió sin lucha, como libertador. En vez de seguir su campaña militar hasta libertar el suelo argentino, que ocupaban todavía los españoles, San Martín aceptó el gobierno civil y político del Perú, y se puso a gobernar ese país, que no era el suyo. Como los españoles ocupaban el Sud del Perú, San Martín quiso agrandar el país de su mando, por la anexión del Ecuador, que por su parte apetecía Bolívar para componer la República de Colombia. Esta emulación, ajena de la guerra, esterilizó su entrevista de Guayaquil, durante la cual fué derrocado Monteagudo, en quien había delegado su gobierno de Lima, por una revolución popular, ante la cual San Martín, desencantado, abdicó no sólo el gobierno del Perú sino el mando del ejército aliado; dejó la campaña a la mitad y a las provincias argentinas del Norte en poder de los españoles, hasta que Bolívar las libertó en Ayacucho, en 1825, con cuyo motivo 'dejaron de ser argentinas para componer la república de Bolivia. Al cabo de diez años (la mitad casi del tiempo que dió al servicio de España), San Martín dejó la América en 1822, y vino a Europa, donde vivió bajo el poder de los Borbones, que no pudo destruir en su país, hasta que murió en, 1850, emigrado a tres mil leguas de su país. ¿Qué hizo de su espada de Chacabuco y Maipú antes de morir? La dejó por testamento al general Rosas, por sus resistencias a la Europa liberal, en que él habia preferido vivir y morir, y donde está hoy día su legatario el general Rosas junto con su legado de la espada de San Martín, que no lo ha librado de ser derrocado y desterrado por sus compatriotas y vecinos, no por la Europa, que hoy hospeda a San 'Martín, a Rosas y a la espada que echó a los europeos de Chile.

Es dudoso que Plutarco hubiera comprendido entre los ilustres modelos al guerrero propuesto a la juventud argentina como un tip(o glorioso de imitación. (1)

Yo creo que el Dr. Moreno, haciendo abrir el comercio de Buenos Aires a la Inglaterra en 1809 con las doctrinas de Adam Smith en sus manos, y Rivadavia promoviendo la inmigración de la Europa en el Plata, la li-

---

(1) Huelga decir que esta pintoresca biografía de San Martín está inspirada por el deseo de molestar a su biógrafo el general B. Mitre. (Nota de *L. J. R.* a la presente reedición).

bertad religiosa, los tratados de libre comercio y la educación popular, han merecido, mejor que no importa cuál soldado, las estatuas que, están lejos de tener.

Yo no altero la verdad de la historia por amor a la paz, y los que me hallen severo, respecto de San Martín, no pensarían lo mismo si estudiaran a este hombre célebre en los libros de Gervinus, profesor de Heidelberg, o en las confidencias del actual Presidente de la República Argentina. (1).

La vida de San Martín prueba dos cosas: que la revolución, más grande y elevada que él, no es obra suya, sino de causas de un orden superior, que merecen señalarse al culto y al respeto de la juventud en la gestión de su vida política; y que la admiración y la imitación de San Martín no es el medio de elevar a las generaciones jóvenes de la República Argentina a la inteligencia y aptitud de sus altos destinos de civilización y libertad americana.

---

(1) «San Martín — nos escribía Sarmiento en 1852 —fué una víctima. pero su expatriación fué una expiación. Sus violencias, pero sobre todo la sombra de Manuel Rodriguez, se levantaron contra él y lo anonadaron • • • •

"Hoy es Rosas el proscripto. Sus afinidades las encuentra en el apoyo que prestó al tirano por lo que Vd. ha dicho, por el sentimiento de repulsión al extranjero . . . .

. . . . "Fundemos de una vez nuestro tribunal histórico, seamos justos, pero dejemos de ser panegiristas de cuanta maldad se ha cometido. • • ·

. . . . "Una alabanza eterna de nuestros personajes históricos, fabulosos todos, es la vergüenza y la condenación nuestra • •

V

(LOS POETAS DE LA GUERRA Y LOS CAUDILLOS MILITARES)

A la poesía de las estatuas se añade la poesía de los versos, como estímulo de los gustos por la guerra y la carrera militar, en Sud América.

Toda la poesía es de guerra, toda la literatura argentina, es la expresión de su historia militar. La *Lira Argentina*, repertorio de sus poesías populares más queridas, se compone de cantos a los héroes y a las batallas de la independencia. Le ha bastado fundirse en el molde de la poesía española, eterna epopeya militar.

Pero lo peor de todo es que en esta pasión de guerra, lo más es prosa, y que en esta prosa no es todo entusiasmo de patria. El árbol de la libertad, en América, no es un arbusto destinado a ornar los jardines. Es como el árbol del pan, que. dá frutos, así como dá flores. Y los frutos son más preciosos que sus flores, para el cultivador de espada especialmente. Un joven abraza la carrera de San Martín, para ser un segundo San Martín. Pero como la independencia no se conquista todos los días, después de conquistada y reconocida una vez, se emprenden guerras de libertad interior que producen, sino la gloria, al menos el grado militar de San Martín. El grado de General, es el pan y el rango asegu-

rados para toda la vida. Al son de los cantos contra el crimen de los privilegios y de
los poderes vitalicios, los Generales (aún los
poetas generales), se avienen sin dificultad con
su empleo vitalicio de General, y lo disfrutan
modestamente en plena república.

El fierro de la espada excede en fecundidad
al del arado, en este sentido, que no sólo dá
honor y plata, sino que dá el gobierno. Por
la regla de que ser libre es tener parte en
el gobierno, los generales buscan el gobierno
nada más que por el noble anhelo de ser libres. Pero este modo de ser libres no tiene
más que un inconveniente y es que es incompatible con la libertad del adversario. Es la
libertad del partido que gobierna, fundada en
la opresión del partido que obedece: o por
mejor decir, es la guerra en disponibilidad,
que sólo espera la ocasión para tomar el mando de la situación. El gobierno de un partido
no es un gobierno entero; es la mitad de un
gobierno, que representa la mitad del país. Cada
uno de sus actos, es la mitad de un acto, es
decir, la mitad de una ley, la mitad de un
decreto, la mitad de una sentencia, y toda
su autoridad no es más que una mitad de la
autoridad verdadera, que sólo merece un medio respeto y una media obediencia, porque
sólo expresa la mitad del derecho y la mitad
de la justicia.

Los liberales de espada no suben al poder de
un salto: eso tendría el aire de un asalto. Suben
por la escala majestuosa de la gloria. Ganan
la gloria en las batallas, y, la gloria, agra-

decida, les dá el gobierno, que es la libertad, de hacer del vencido lo que quieran.

Si la poesía es como la lanza de Aquiles, a ella le tocará curar por la comedia el mal que ha producido por el lirismo.

La poesía de la paz necesita un Cervantes de la América del Sud, para purgarla por la risa, de la raza de Quijotes y Sanchos, que lejos de crear la libertad a fuerza de violencia, es decir, por la tiranía de la espada, no hace más que precipitar esa parte del mundo en la barbarie, despoblándola de sus habitantes europeos, espantando la inmigración, y dando por resultado un caudal tiránico en vez de una sola libertad: tiranías de la paz y de la más terrible especie, que son las que se cubren con bellos colores de libertad, para oprimir con más eficacia.

No hay guerra en Sud América, que no invoque por motivo los grandes intereses de la civilización; ni despotismo que no invoque la más santa libertad. La dictadura de Rosas se apoyaba en la libertad del continente americano. Quiroga devastaba y cubría de sangre el suelo argentino en nombre de la libertad, y fué victima de su idea de proclamar una Constitución, según la crónica viva de ese país, confirmada en ese punto por una carta en que el *defensor de la libertad del continente americano* probó al *defensor de la libertad del pueblo argentino*, que el pais no estaba en estado de constituirse, es decir, de ser libre (porque constituir un país no es más que entregarle la gestión de sus destinos políticos).

VI

(LA GUERRA EXTERIOR Y LA LIBERTAD INTERIOR)

Esos dos soldados de la libertad, según la fórmula de Wáshington, y su reinado militar de veinte años, han sido destruídos por otros libertadores de espada en nombre de la libertad, que han pretendido servir mejor que sus predecesores, sin cambiar de método, es decir, siempre por la espada y por la guerra.

Uno de ellos ha hecho tres campañas, que han terminado por tres batallas decisivas: *Caseros*, *Cepeda*, *Pavón*. Las tres han sido dadas por la libertad, naturalmente. Sin perjuicio de esta mira, que no es un hecho todavia, las tres batallas han producido al autor estos servicios: la primera le ha dado la Presidencia de la República, la segunda una fortuna colosal, y la tercera la seguridad de esa fortuna. No pretendo que ésta haya sido su mira; digo que éste ha sido el resultado.

Si esto no fuese verdad, la República no hubiese premiado con la Presidencia, el servicio del que la ha libertado en 1861 de su libertador de 1852.

Este otro, que es el vencedor de Pavón, ha servido a la libertad de su país (que todavía se hace esperar) por diez campañas y diez batallas, dentro y fúera de su suelo, contra propios y extranjeros.

La República ha perdido, en la última de esas campañas que lleva ya cinco años, veinte mil hombres, sesenta millones de pesos fuertes, su reputación de salubridad (confirmada por su nombre de *Buenos Aires*), por la adquisición del cólera asiático, sus archivos incendiados dos veces *por casualidad*, toda la riqueza de algunas provincias; pero su autor conserva su vida, ha recibido un premio popular de cien mil francos, y una condecoración ducal del emperador su aliado.

En cuanto a la libertad de la República, servida por esa guerra, oigamos a su autor mismo sobre lo que ha ganado; ningún testimonio menos sospechoso... Descendido de la presidencia, hoy se ocupa de delatar al gobierno de su sucesor como la tiranía más sangrienta que haya sufrido el país desde que existe.

Y sin embargo, todos saben que su sucesor sigue su mismo método, pues prosigue su campaña de libertad, que según él, es la misma de San Martín y Alvear contra los Borbones y los Braganzas, (aunque es un Borbón emparentado en Braganza el que dirige la *bandera de Mayo* por el sendero de la *gloria argentina*).

Lo que podemos decir, por nuestra parte, es que la libertad que los presidentes Mitre y Sarmiento han servido por la guerra contra el Paraguay, cuesta a la República Argentina, diez veces más sangre y diez veces más dinero que le costó toda la guerra de su independencia contra España; y que si esta guerra produjo la independencia del país respecto de la corona de España, la otra está produciendo la enfeudación de la República a la corona del Brasil.

En cuanto a la libertad interior nacida de esas campañas, su medida entera y exacta, re-

side en este simple hecho: el autor de estas líneas es acusado de traición por el gobierno de
su país, por los escritos en que ha condenado
esa guerra y ha probado que no puede tener
otro resultado que el de desarmar a la República de su aliado natural y servir al engrandecimiento de su antagonista tradicional, que
es el imperio del Brasil, único refugio de la
esclavitud civil en América.

El autor se vé desterrado por los *liberales*
de su pais y por el crimen de que son cuerpo
de delito sus libros; por haber defendido la
libertad de América en el derecho desconocido a una de las Repúblicas, por un imperio
mal conformado, que necesita destruir y suceder a sus vecinos más bien dotados que él,
a unos como aliados y a otros como enemigos.
Para las Repúblicas de Sud América tan hos-
til es el odio como la amistad del imperio
portugués de origen y raza.

Si no fuese que ellas son buscadas y arras-
tradas por el imperio a la alianza que las
convierte en su feudo, lejos de buscar ellas
al imperio, se diría que están más atrasadas
en política que los indios que ocupan sus de-
siertos. Pero es la verdad que el Brasil las
arrastra cuando parece que es impelido por
ellas y que ellas ceden cuando parecen impul-
sar y solicitar. Obediente a la corriente de
los hechos, Mitre no ha podido no buscar al
Brasil.

VII

(LAS GUERRAS EN SUD AMERICA)

La guerra de propaganda liberal es uno de los legados degenerados de la guerra de la independencia. La comunidad de enemigo y de objeto que distinguió la guerra por la cual todos los pueblos de Sud América trabajaban contra su dominador común, el poder español, ha dejado la costumbre a cada Estado de creer que su causa es la de América en toda guerra con un poder europeo, y que es la vieja causa de la libertad la que sostiene contra su vecino, sea cual fuere.

Como guerras sin objeto real y verdadero, que sólo invocan grandes ideas de otro tiempo para enmascarar motivos egoístas y culpables, las guerras de propaganda son en Sud América, más que en otra parte, contrarias al derecho de gentes y constituyen un verdadero crimen contra la civilización del nuevo mundo, que no es a ninguno de sus nuevos estados en particular a quien toca el rol de civilizar a sus iguales, sino al viejo mundo culto, dejado en contacto libre y estrecho con todas y cada una de las secciones de Sud América.

VIII

(LAS GLORIAS MILITARES TIENEN POR PRECIO LA LIBERTAD)

Los liberales de Sud América quieren a la vez dos cosas que se excluyen entre sí: —la *gloria* y la *libertad*. Casi siempre la una es el premio de la otra. La gloria a menudo cuesta el sacrificio de la libertad, lejos de ser capaz de producirla. La gloria militar, que es la gloria por excelencia, es la exaltación de un hombre al rango de soberano de los otros, por obra del entusiasmo nacional, es decir, de la pasión más capaz de cegar la vista, que es la de la vanidad nacional. El castigo providencial de todo país que amasa su gloria con la ruina de su adversario, es la pérdida de su propia libertad, es decir, la traslación de su gobierno propio a manos del héroe que le ha servido su vanidad.

Si la revolución de Sud América ha tenido por objeto la libertad, es decir, el gobierno del país por el país, y no por el ejército, nada puede perjudicar más al objeto de la revolución, que la gloria militar, privilegio del ejército y del poder de la espada en que el pueblo no tiene parte alguna.

El gobierno de la gloria, el poder de la victoria, es el gobierno sin el país, es decir, el gobierno sin la libertad, porque todo gobierno del país sin el concurso del país, es la negación de toda libertad, en el sentido que esta palabra

tiene en Inglaterra, en Estados Unidos, en Bélgica, en Suiza.

Así, el atraso, la barbarie, la opresión están
representadas en Sud América por la espada y
por el elemento militar, que a su vez representan la guerra civil convertida en industria,
en oficio de vivir, en orden permanente y
normal (si el caos puede ser normal).

IX

(EN SUD - AMERICA LA GUERRA ES UN CRIMEN DE LESA CIVILIZACION)

La guerra en Sud América, sea cual fuere su
objeto y pretexto; la guerra en sí misma es,
por sus efectos reales y prácticos, la anti-revolu-
ción, la reacción, la vuelta a un estado de
cosas peor que el antiguo régimen colonial:
es decir, un crimen de lesa América y lesa
civilización.

La guerra permanente cruza de este modo los
objetos tenidos en mira por la revolución de
América, a saber:

Ella estorba la constitución de un gobierno
patrio, pues su objeto constante es cabalmente
destruído tan pronto como existe con la mira de
ejercerlo, y mantiene al país en anarquía, es decir, en la peor guerra: la de todos contra
todos.

La guerra disminuye el número de la población indígena o nacional, y estorba el aumento
de la población extranjera por inmigraciones

de pobladores civilizados: no se puede hacer a Sud América un crimen más desastroso.

Despoblarla es entregarla al conquistador extranjero.

La guerra es la muerte de la agricultura y del comercio; y su resultado en Sud América es el empobrecimiento y la miseria de sus pueblos; es decir, fuente de miseria, de pobreza y debilidad.

La guerra aumenta la deuda pública, y sus intereses crecientes obligan al país a pagar contribuciones enormes que no dejan nacer la riqueza y el progreso del país.

La guerra engendra la dictadura y el gobierno militar creando un estado de cosas anormal y excepcional incompatible con toda clase de libertad política. La ley marcial convertida en ley permanente, es el entierro de toda libertad.

La guerra compromete la independencia del Estado inveterado en sus estragos, porque lo debilita y precipita en alianzas de vasallaje y de ruína, con poderes interesados en destruirlo.

La guerra absorbe el presupuesto de gastos, deja a la educación y a la industria sin cuidados, los trabajos y empresas desamparados, y todo el tesoro público convertido en beneficio permanente de una aristocracia especial compuesta de patriotas, de liberales y de propagandistas de civilización por oficio y estado.

La guerra constituida en estado permanente y nacional del país, pone en ridículo la república, hace de esta forma de gobierno el escarnio del mundo.

En una palabra, la guerra civil o semi-civil,

que existe en Sud América erigida en institución permanente y manera normal de existir, es la antítesis y el reverso de la guerra de su independencia y de su revolución contra España.

Ella es tan baja por su objeto, tan desastrosa por sus efectos, tan retrógrada y embrutecedora por sus consecuencias necesarias, como la guerra de la independencia fué grande, noble, gloriosa por sus motivos, miras y resultados.

Los héroes de la guerra civil son monstruosos y abominables pigmeos lejos de ser rivales de Bolívar, de Sucre, de Belgrano y San Martín.

X

(EL LIBRE INTERCAMBIO COMERCIAL TRAERA LA PAZ EN EL MUNDO)

¿Queréis establecer la paz entre las naciones hasta hacerles de ella una necesidad de vida o muerte?

Dejad que las naciones dependan unas de otras para su subsistencia, comodidad y grandeza. ¿Por qué medio? Por el de una libertad completa dejada al comercio o cambio de sus productos y ventajas respectivas. La paz internacional de ese modo será para ellas, el pan, el vestido, el bienestar, el alimento y el aire de cada día.

Esa dependencia mutua y recíproca, por el noble vínculo de los intereses, que deja intacta la soberanía de cada uno, no solamente aleja la guerra porque es destructora para todos, sino que también hace de todas las naciones una especie de nación universal, unificando y consolidando sus intereses, y facilita por este medio la institución de un poder internacional, destinado a reemplazar el triste recurso de la defensa propia en el juicio y decisión de los conflictos internacionales: recurso que en vez de suplir a la justicia, se acerca y confunde a menudo con el crimen.

¿Creéis que haya inconveniente en que una nación dependa de otra para la satisfacción de las necesidades de su vida civilizada? ¿Por qué razón? Porque en caso de guerra y de incomunicación, cada pais debe poder encontrar en su seno todo lo que necesita.

Es hacer de la hipótesis de una eventualidad de barbarie, cada día más rara, una especie de ley natural permanente del hombre civilizado.

Es como si el planeta que habitamos se considerase defectuoso porque recibe de un astro extranjero, el sol, la luz y el calor que produce la vegetación y la vida animal de que se mantiene el mundo animado, que anima su superficie.

Por fortuna la libertad de los cambios está en las necesidades de la vida humana, y se impondrá como ley natural de las naciones a pesar de todas las preocupaciones y errores.

La industria de una nación que pide al gobierno protección contra la industria de otra nación que la hostiliza por su mera superioridad, saca al gobierno de su rol, y dá ella misma una prueba de cobardía vergonzosa.

El gobierno no ha sido instituído para el bien

especial de éste o de aquel oficio; sino para
el bien del - Estado todo entero. El gobierno
no es el patrón y protector de los comerciantes o de los marinos, o de los fabricantes;
es el mero guardián de las leyes, que protegen
a todos por igual en el goce de su derecho
de vivir barato, más precioso que el producir
y vender caro.

Limitar o restringir la entrada de los bellos
productos de fuera, para dar precio a los productos inferiores de casa, es como poner trabas
a la entrada en el país de las bonitas mujeres
extranjeras, para que se casen mejor las mujeres feas; es impedir que entren los rubios
y los blancos, porque los mulatos, que forman
el fondo de la nación, serán excluídos por las
mujeres, a causa de su inferioridad.

Teméis los estragos sin sangre de la con-
currencia comercial e industrial, y no teméis
las batallas sangrientas de la guerra. Un país
que ha vencido al extranjero en los campos
de batalla, y que pide a su gobierno que pro-
teja su inepcia e incapacidad por el brazo
de la fuerza contra la sombra que le dá el
brillo del extranjero, prueba una pusilanimi-
dad inexplicable y vergonzosa.

Si es gloria vencer al extranjero por la espada, mayor es vencerlo por el talento, porque lo primero es común a las bestias, lo segundo es peculiar al hombre.

F I N

INDICE

CAPITULO *I*

Derecho histórico de la guerra

CAPITULO II

Naturaleza jurídica de la guerra

CAPITULO III

Creadores del derecho de gentes

CAPITULO IV

Responsabilidades

CAPITULO V

Efectos de la guerra

CAPITULO VI

Abolición de la guerra

CAPITULO VII

El soldado de la paz

CAPITULO VIII

El soldado del porvenir

CAPITULO IX

Neutralidad

CAPITULO X

Pueblo - mundo

CAPITULO XI

La guerra o el cesarismo en el Nuevo Mundo